Battenberg Sammler-Kataloge

Blechspielzeug
SCHIFFE UND FLUGKÖRPER

FABRIK- **E.P.** MARKE.

ZINN.

Abteilung IV.

Dampfschiffe

· Heißluftboote ·

Uhrwerksschiffe

in solider starker Ausführung und dauerhafter Lackierung.

Sportboote.

Kriegsschiffe: Kanonenboote, Kreuzer

Unterseeboote — Taucher.

Battenberg Sammler-Kataloge

BLECHSPIELZEUG

SCHIFFE UND FLUGKÖRPER

von

Botho G. Wagner und Carlernst A. Baecker

Battenberg Verlag

Die Deutsche Bibliothek – CIP-Einheitsaufnahme

Schiffe und Flugkörper: Blechspielzeug zu Wasser und
in der Luft ; das faszinierende Sammelgebiet
erklärt bewertet / Botho Wagner ; Carlernst Baecker. –
Augsburg : Battenberg, 1991

ISBN 3-89441-045-0
NE: Wagner, Botho; Baecker, Carlernst

BATTENBERG VERLAG AUGSBURG
© 1991 Weltbild Verlag GmbH
Alle Rechte vorbehalten
Satz: Times von Cicero Lasersatz, Augsburg
Gesamtherstellung: Wiener Verlag, Himberg bei Wien
Printed in Austria
ISBN 3-89441-045-0

Inhaltsverzeichnis

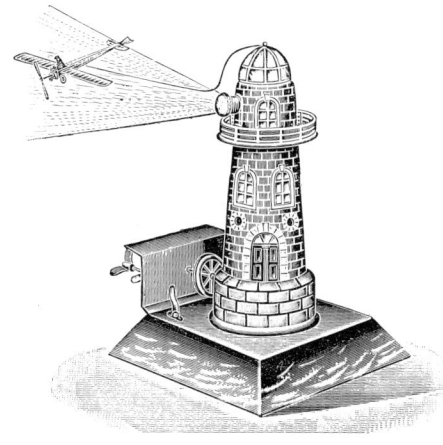

Schiffe und Flugkörper aus Blech

Blechspielzeug — ein seit frühester Kindheit „benutzter" Gegenstand, heute verzaubert in der Erinnerung durch den Abstand der Lebensjahre. Altes Spielzeug sammeln bietet eine fast unbeschreibliche Faszination, der sich auch ein noch so „nüchterner" Mensch kaum entziehen kann, wenn er erst einmal einige schöne Stücke gesehen und deren ureigenste Geschichte gehört hat. Die Dinge und ihre Geschichte erinnern an die eigene Jugend — ja, sie holen zweifellos dem Sammler ein Stück seiner Jugend zurück!

Darin liegt schon ein ganz besonderer Reiz.

Warum ausgerechnet Schiffe und/oder Flugkörper sammeln?

Der eigenen Neigung wegen!

Beim Spiel mit Blechschiffen oder Flugkörpern träumt fast jeder Junge davon, einmal Kapitän oder „Flieger" zu werden — oder Lokomotivführer, was dann heute zum Sammeln von Spielzeug-Eisenbahnen führen kann...

...So wird man plötzlich an seine Kindheit erinnert, wenn man dann irgendwann ein über die schlimmen Kriegszeiten gerettetes Stück zum Beispiel auf dem Flohmarkt oder beim Antiquitätenhändler entdeckt. Man wollte es haben, traute sich aber nicht so recht: Darf ein „gestandener" Mann für sich noch (altes) Spielzeug kaufen, sammeln und eventuell sogar damit spielen? Ja, er darf!

Sammeln Sie getrost Spielzeug. Sie sind damit in bester Gesellschaft. Namhafte Männer (und Damen!) aus Wirtschaft, Politik und Kunst sind begeisterte Spielzeug-Sammler und stehen zu ihrer Passion.

Und wer jetzt noch zögert, dem hilft vielleicht ein Hinweis auf die tatsächliche Wertsteigerung seines Sammelgutes:

Man muß heute altes Spielzeug nicht mehr hinter anderen Antiquitäten verstecken, wie neueste Ausstellungen in namhaften Museen beweisen. Selbst berühmteste Kunst-Auktionshäuser, wie Christie's und Sotheby's in London und New York, veranstalten seit Jahren mit Erfolg stark besuchte Spezialauktionen für Blechspielzeug und Puppen.

Spielzeug gibt es in unterschiedlichen Qualitätsstufen, vom billigen Massenartikel bis hin zum teuren Modell. Und all das hergestellt von über hundert Firmen in über hundert Jahren... Doch keine Angst, eine Sammlung muß nicht „komplett" sein! Dies ist schon von der Menge her nicht möglich, aber auch nicht erstrebenswert. Denn es ist bestimmt nicht alles sammelwürdig, was unter dem Begriff Blechspielzeug produziert wurde!

Der Sinn dieser Buchreihe ist es, neben einer Einführung in das Sachgebiet, dem Sammler vor allem eine Marktübersicht zu geben. Dies bedeutet vornehmlich, die Dinge zu nennen und im Bild zu zeigen, die der Markt bietet, — die der Markt aber auch wieder aufnimmt und bewertet!

Einerseits gibt es viel Primitiv-Spielzeug (dieser Begriff ist übrigens nicht deckungsgleich mit Billig-Spielzeug, das sehr wohl Sammelgegenstand sein kann!), das wirklich nur ideenloses Wegwerf-Spielzeug ist. Andererseits honoriert der Markt oft das ehrwürdige Alter gewisser Stücke nicht.

Diese vielleicht erstaunliche Feststellung ist für die Realität von großer Bedeutung, wie wir im Abschnitt „Preise" ausführlich erläutern. Die Erfahrungen daraus leiteten auch unsere Objektauswahl und wir haben dabei natürlich versucht, die heute beliebtesten Teilgebiete ausführlich darzustellen.

Wir wissen uns aber auch nicht frei von subjektiven Entscheidungen, beeinflußt vom eigenen Sammelgebiet. Die Zusammenarbeit von zwei Autoren kann da etwas Abhilfe schaffen: Der eine ist vorwiegend Märklin-Sammler und der andere liebt ebenso die Nürnberger Erzeugnisse. Das hat gemeinsame Entscheidungen zwar manchmal etwas erschwert, war aber für dieses Buch nur von Vorteil. So wurde einseitiges Gewicht vermieden.

So rar wie Schiffe und Flugkörper aus Blech heute auch sind, — es hat sie einst in großen Stückzahlen gegeben. Das beweisen eindeutig die vielen Firmenkataloge, die heute allen Sammlern in Form von Nachdrucken zugänglich sind.

Zu den frühesten und beliebtesten Kinderspielzeugen gehörten, natürlich zunächst in Holz, Boote, Schiffe und Schwimmtiere. An Vorbildern mangelte es ja wirklich nicht. Schiffe aller Völker und aller Bauarten, ob für friedliche oder militärische Zwecke, wurden als schwimmfähiges Spielzeug oder auch auf Rollen als Bodenläufer nachempfunden.

Später folgten dann die Flugkörper. Von der Montgolfiere, dem Fesselballon, über starre (Zeppelin) und unstarre, flexible Luftschiffe (Parseval), bis hin zum später erfundenen Flugzeug.

Der ureigenste Unterschied der Flugzeuge zu den Flugkörpern wird bestens umrissen mit der Feststellung, daß sie als erste Fluggeräte „schwerer als Luft" sind.

Schiffe und Boote, Flugkörper und Flugzeuge

Diese Spielzeuggruppen der Tinplate-Aera behandelt das vorliegende Buch.

Mit „Tinplate' bezeichnet man heute weltweit aus Blech hergestelltes Spielzeug. Dieser anglo-amerikanische Begriff definiert sehr genau: Tin plate ist die wörtliche Übersetzung für „verzinntes Blech", gleichbedeutend mit Weißblech, dem meistgebrauchten Rohstoff unseres Blechspielzeuges.

Natürlich befaßt sich unser Buch vornehmlich mit den deutschen Herstellern, jedoch auch mit einigen exemplarischen Seitenblicken auf England und Frankreich. Blech-Schiffe und -Flugzeuge waren in diesen

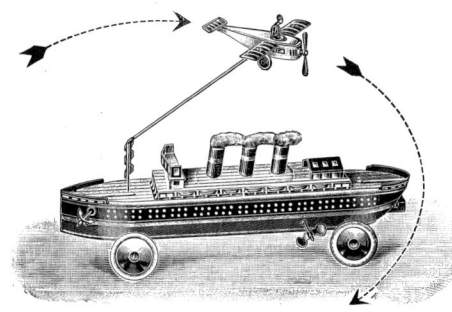

beiden Ländern sehr beliebt und weit verbreitet, was aber nicht wundert, wenn man die geographische Lage bedenkt. Wir wissen welche Begeisterung Kanalflüge in der Anfangszeit der Fliegerei auslösten, aber auch die internationalen Flugtage und Ausstellungen, die ein Publikums-Anziehungspunkt waren.

Zeitlich beenden wir unsere Übersicht um 1960. Wenige Jahre zuvor stellte Fleischmann als letzter Anbieter einer Tinplate-Flotte seinen Schiffsbau ein und die schönen modernen Passagier-Flugzeuge von Gama, Schuco und anderen waren bereits auf dem Markt. Diese stolzen Vögel möchten wir als Abschluß der Tinplate-Aera im Bild zeigen!

Weitere Kriterien waren für uns Größe der Objekte, ihre Funktion und der Spielwert, sowie ihr Antrieb.

Zur Größe: Pennytoys bieten aufgrund des einst riesigen Sortiments und ihrer bei den Sammlern heute rapide steigenden Beliebtheit eigentlich ausreichend Stoff für ein eigenes Buch. Da dieses Gebiet auch bei den Sammlern als eigenständig angesehen wird, beginnen wir oberhalb dieser etwas fließenden Grenze, — sagen wir etwa ab 20 cm Länge. Mit „Pennytoy", ein ebenfalls aus der englischen Sprache stammender fester Gruppenüberbegriff bei Spielzeugsammlern, bezeichnet man allgemein Kleinstspielzeug aus Blech ohne eigenen Antrieb. Pennytoy wörtlich, heißt „Pfennig-Spielzeug" und beschreibt diese Gruppe ebenso treffend, wie der überlagerte Sammelbegriff Tinplate das Gesamtgebiet umreißt. Pennytoys waren eine Nürnberger Spezialität.

Zur Funktion, dem Spielwert und dem Antrieb:
Schiffe sollten schwimmfähig und mit eigenem Antrieb versehen sein, mit Uhrwerk, Dampfmaschine, Heißwasser-Ausstoß (Mystery) oder Elektromotor. Von Fluggeräten wird hingegen kein Fliegen erwartet, da wir uns sonst eindeutig auf den Flugmodell-Sektor begeben würden. Erwartet wurde aber schon damals eine Fortbewegung, entweder rollend oder an einem Bindfaden hängend, sich im Kreise bewegend. Die Propeller mußten sich „bewegen" und damit den Flugkörper zu eigenen kreisenden Runden veranlassen.

Das junge Kapitel der Raumfahrt wird von uns nur knapp gestreift, zumal die Space- und Luna-Objekte überwiegend in Fernost hergestellt wurden und werden. Aber: Die ersten Spielzeug-Weltraumraketen gab es schon in den dreißiger Jahren! Dieser jüngste Zweig des Blechspielzeugs wird heute ebenfalls als eigenständiges Sammelgebiet angesehen — und manchmal hat man gar den Eindruck, daß einige Hersteller ihre Produktion danach ausrichten ...

Wir haben die heutigen Sammel-Trends unter Beobachtung der Auktionen und Sammlerbörsen berücksichtigt und glauben so, diese Aufgabe objektiv für unsere Leser zu lösen.

Das sind also unsere Rahmen-Vorstellungen. Aber Sie wissen, Ausnahmen bestätigen bekanntlich die Regel.

Wir hoffen, daß Ihnen dieses Buch als Wegweiser in das Sammelgebiet „Flugkörper und Schiffe" eine Hilfe ist und viel Freude bereiten wird.

Die Anfänge der Blechspielzeug-Produktion

Spielzeug aus Holz und Ton ist uralt, die Ausgrabungen beweisen es. Doch so tief wollen wir gar nicht schürfen, denn unser Interesse gilt ja hier dem jüngeren Blechspielzeug. Diese Spielzeug-Art ist wahrscheinlich im späten 18. Jahrhundert entstanden. Zeugen fehlen allerdings. Damals begann die allgemeine Verwendung von Dünnblechen für Bedarfsgegenstände und damit kann man dann auch den gleichzeitigen Beginn der Blechspielzeug-Produktion datieren.

Zweifellos war und ist Nürnberg das Zentrum der deutschen (Blech-)-Spielzeug-Herstellung; ob aber die fränkische Metropole auch der „Ursprungsort" ist, darf allerdings bezweifelt werden.

Chronisten berichten schon aus dem 15. und 16. Jahrhundert von „Dokkenmachern" (= Puppen) zu Nürnberg und später sind dann die Zinngießer als Spielzeug-Hersteller bekannt.

Um 1820 entwickelt sich die Technik des Metalldrückens und um 1850 wird auch vom Berufsstand der Metalldrücker in Nürnberg berichtet. In diesem Jahrzehnt kann man bereits von einer gewissen Kleinserien-Herstellung von (geprägtem) Blechspielzeug der Manufakturen im Nürnberger Raum sprechen. Mathias Hess (gegründet 1826) war dort einer der ersten Fabrikanten.

Zu dieser Zeit bestanden aber bereits im württembergischen Raum Blechspielzeug-Hersteller mit beachtlich breiter Palette, so zum Beispiel Rock & Graner in Biberach an der Riss, gegründet 1813, mit nachgewiesener Blechspielzeug-Produktion zumindest ab 1837. Und die Firma Ludwig Lutz in Ellwangen an der Jagst, gegründet 1845, die 1891 von Märklin übernommen wurde. Es ist bekannt, daß Lutz vorher Zulieferer von Bing und Märklin war, was Ähnlichkeiten von frühen Stücken beider Firmen erklären kann.

Auf der Allgemeinen Deutschen Industrie-Ausstellung des Jahres 1854 in München zeigte Rock & Graner „lakirte Kinderspielwaaren von Blech", darunter eine Dampf-Fregatte, die uns hier besonders interessiert.

Wenn man alte Kataloge und Berichte von Industrie- und Gewerbe-Ausstellungen sowie die dort vergebenen Auszeichnungen und Medaillen als Maßstab nimmt, stand der heutige Spielzeug-Gigant Märklin, gegründet nach 1850, bis zum Beginn der neunziger Jahre des letzten Jahrhunderts im Schatten seiner Konkurrenten im württemberger Raum und der Stadt Nürnberg. Zeitgenössische Erwähnungen der Firma Märklin sind rar. Märklin setzte sich aber später zunehmend gegen seine Konkurrenten durch, speziell bei Eisenbahnen. Nicht zuletzt durch die Tatsache, daß die Württemberger durch die Solidität ihrer Produkte bestachen, während die Nürnberger auch auf billigere Produkte umstellten.

Um 1890 kann man von einer echten Blechspielzeug-Industrie sprechen.

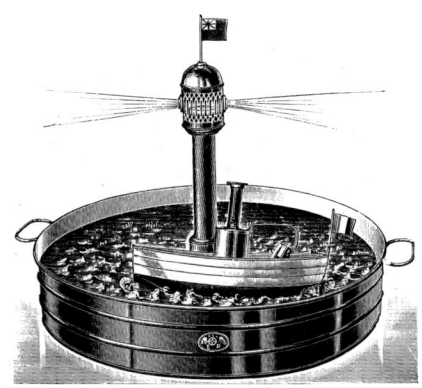

Sicher, die Mehrzahl der kleinen Hersteller fertigte zwar immer noch nach Manufakturenart, doch die größeren, heute noch namhaften, hatten schon den Schritt zur industriellen Fertigung vollzogen.
Die Gründungsjahre bekannter Firmen auf einen Blick:

Rock & Garner (R & GN), Biberach	1813
Hess, Nürnberg	1826
Lutz, Ellwangen	1846
Spitzbart, Nürnberg	1846
Märklin, Göppingen (Werksangabe 1859)	1856
Issmayer, Nürnberg	1861
Bing, Nürnberg	1866
Plank, Nürnberg	1866
Staudt, Nürnberg	1867
Schoenner, Nürnberg	1875
Günthermann, Nürnberg	1877
Lehmann, Brandenburg	1881
Mangold (GAMA), Fürth	1882
Carette, Nürnberg	1886
Fleischmann, Nürnberg	1887

Die schnelle Reaktion der Spielzeug-Hersteller war von jeher erstaunlich. Neue Technologien wurden sofort in Spielzeug umgesetzt, — siehe Flugapparate und Unterseeboote. Kaum flogen oder tauchten sie, konnte man diese Neuheit bereits als Spielzeug kaufen, — falls man das benötigte Geld dazu hatte! Spielzeug der Manufaktur-Epoche („ff. handlakirt") war teuer, sehr teuer sogar, und breiten Bevölkerungs-Schichten fast versperrt. Eine Änderung dieser Tatsache brachte erst die Lithographie und die Verlappungstechnik mit dem folgenden Einzug echter Massenproduktion.
Bei der Verlappungstechnik, auch Verzapfung genannt, werden zur Verbindung von Bauteilen beim Stanzen an einem Bauteil kleine Laschen vorgesehen, die dann in die eingestanzten Schlitze des anderen Bauteils gesteckt und umgebogen werden.
Die Anwendung des Lithographie-Drucks in der Spielzeug-Herstellung war übrigens abhängig von der Erfindung der Verlappungstechnik, da sonst bei der bisher üblichen Lötverbindung der Lithographiedruck verbrannt wäre!
Bing, der größte und heute unter Sammlern bekannteste Nürnberger Hersteller, ging recht bald, etwa 1895, von der Handlackierung auf Lithographiedruck über und damit auch Carette. Der Trend zu billigerem lithographiertem Spielzeug wurde übrigens durch die Einfuhrzölle der Abnehmerländer gefördert: Der Zollsatz wurde nach dem Gewicht der einzuführenden Ware berechnet. Das heißt: Schwere „gediegene" Spielsachen kosteten mehr Zoll und leichte Stücke entsprechend weniger — und zusätzlich wurden Material- und Fertigungskosten gespart!

Damit war der Weg eigentlich vorgezeichnet. Verlappungstechnik und Lithographiedruck erlaubten so den Nürnberger Spielzeugherstellern, trotz hoher Zölle und Auslandsfrachten, die Bedienung dieser Märkte zu konkurrenzfähigen Preisen.

Ab diesem Zeitpunkt glänzte der Name Nürnberg als weltbekannte Stadt des Blech-Spielzeuges, mit der Deutschland sich auch die Spitzenstellung auf dem Weltmarkt sicherte.

Für unser Thema bleibt hier festzustellen, daß es Schiffe lange vor Flugkörpern aus Blech gegeben hat, was sich schon chronologisch aus der Großtechnik ergibt. Blechschiffe „besserer Art" waren bis zuletzt meist gelötet und handlackiert, was schon aus Gründen des Korrosionsschutzes bei Wasserfahrzeugen angebracht erscheint. Hatten Schiffe, zum Beispiel bei Arnold und Fleischmann, verlappt aufgesetzte Oberdecks, so zogen sie bei „Seegang" sofort Wasser — und das war dann der Anfang vom Ende, so oder so: Entweder liefen diese Schiffe gleich voll und sanken, oder die Korrosion begann unaufhaltsam.

Bei Flugzeugen hingegen griff die neue Technologie mittels Lithographiedruck und Verlappung recht früh. — Seltsam, so betrachtet waren Flugkörper fast generell weniger aufwendig verarbeitet, wenn man von den späten Baukasten-Modellen einmal absieht.

Grundsätzlich muß hier aber vermerkt werden, daß Lithographie nicht automatisch gleichbedeutend ist mit „billig". Die Firmen Carette und Bing zum Beispiel, lieferten auch erstklassige, fast modellgetreu lithographierte Spielzeuge vielfältiger Art!

Spricht man von Bing, oder den „Nürnbergern" allgemein, von Märklin und den „Württembergern", so muß man auch von Lehmann in Brandenburg an der Havel (Ernst Paul Lehmann, Patentwerk) sprechen, Lehmann (= LGB), noch heute wie Märklin, Fleischmann und einige andere Nürnberger im Geschäft, hat seit 1960 seinen Sitz — in Nürnberg! Der ehemalige Brandenburger Hersteller ist in Sammlerkreisen weltweit bekannt durch seine vielfältigen uhrwerkbewegten Figuren, Fahrzeuge, Flugapparate und auch Schiffe, präzise hergestellt aus „ff. lithographiertem Blech".

Bemerkenswert ist, daß schon um 1920 Qualitätsspielzeug in Japan „nachempfunden" wurde!

Lehmann-Figuren, Günthermann-Autos und vieles mehr wurde im Osten nicht nur detailgetreu nachgebaut, sondern meist auch mit einem „angeglichenen" Firmenzeichen versehen! Zweifellos ein Beweis für das hohe Ansehen von Lehmann auf dem Weltmarkt, und der deutschen Spielzeug-Industrie ganz allgemein!

Die frühen Lehmann-Kopien (zum Teil auch aus Europa stammend) sind heute bei den Sammlern fast ebenso begehrt, wie die Originale. Die Zeit gleicht an.

Die Epoche der Blechschiffe

Große, schöne Spielzeugschiffe, gebaut in ihrer klassischen Zeit vor 1920, gehören auf dem Tinplate-Sektor zu den begehrtesten Sammelstücken überhaupt. Spitzenstücke von Lutz, Märklin, aber auch von Schoenner, Bing, Carette oder Fleischmann erreichen heute weltweit Preise, die man auf dem Eisenbahn- oder Puppen-Sektor noch nicht kennt.

Die Seltenheit der großen Blechschiffe erklärt sich aus dem damals für weite Kreise fast unerschwinglich hohen Preis — und aus dem ureigensten Element aller Schiffe, dem Wasser:

Viele blieben „auf See", sie schwammen fort und kamen nicht mehr ans Ufer zurück. Sie gingen unter durch Wellenschlag, oftmals hervorgerufen durch Steinwürfe neidiger Buben.

Zwar wurden alle besseren Typen rundum gelötet und nicht verlappt. Trotzdem drang meist irgendwo ein wenig Wasser ein und begann das Werk der Zerstörung von innen. Mit dem Rost kam schnell das Ende des einst stolzen Ozeanriesen.

Seit wann kennt man eigentlich Spielzeugschiffe aus Blech mit eigenem Antrieb?

Bei dieser Suche darf man wohl kaum bis zu Fulton's erstem „Eisenboot mit Dampfantrieb" im Jahr 1805 zurückgehen. Mehrere technische und wirtschaftliche Fakten siedeln die frühest mögliche Entstehung solcher Blechspielzeuge einige Jahrzehnte später an.

Es ist durchaus möglich und wahrscheinlich, daß uhrwerk-getriebene Schiffe bereits vor 1850 gebaut wurden:

In der Literatur wird erstmals von Jürgen Cieslik eine Anzeige der Nürnberger „Allgemeinen Polytechnischen Zeitung" vom 3. März 1836 erwähnt, in der ein Handelshaus einen „Dampfwagen der Nürnberg-Fürther-Eisenbahn, durch Uhrwerk bewegbar" anbietet. Da Dampfschiffe bereits vor der Eisenbahn bekannt waren, kann man wohl nach Entdeckung dieser Annonce davon ausgehen, daß uhrwerk-getriebene Schiffe zumindest zur Zeit dieser Eisenbahn-Bodenläufer denkbar sind.

Die Protokolle zur Deutschen Industrie-Ausstellung in München, im Jahr 1854, belegten dann endlich die Existenz solcher Spielzeugschiffe: Erwähnt werden von Rock & Graner in Biberach, sowie Spitzbart in Nürnberg, „Dampfschiffe mit Mechanik". Von Issmayer in Nürnberg wird ein „mit Uhrwerk versehenes Dampfschiff" erwähnt, das in einem Bassin unermüdlich seine Kreise zog. Rosenbauer in Nürnberg (nicht zu verwechseln mit Rosenbaum) präsentierte das Modell eines Kriegsschiffes aus Blech mit 131 Kanonen. Diese 131 Kanonen lassen darauf schließen, daß es sich hier um ein echtes Modell handelt und nicht um Spielzeug.

Ein Panzerkreuzer von Rock & Graner ist uns durch eine Anzeige mit Bild in einer alten Nürnberger Spielwaren-Zeitung bekannt.

Daß die Schiffe von Rock & Graner und Spitzbart schwimmfähig und keine Bodenläufer waren, darf man voraussetzen. Denn sonst wären sie wohl schon damals nicht mehr in einem Ausstellungsbericht erwähnt worden. Waren sie nun aber dampfgetrieben oder mit einem Uhrwerk versehen?

Man kann annehmen, daß diese „Dampfschiffe" Uhrwerkantrieb hatten, obwohl im Text hierzu nichts näheres gesagt und nur bei Issmayer das Uhrwerk ausdrücklich erwähnt wird. Wolf Kaiser, Dampfspielzeug-Experte, geht in seinen Publikationen davon aus, daß in Deutschland kein Dampfspielzeug vor 1860/65 hergestellt wurde. Im Bericht zur Internationalen Ausstellung von Paris, im Jahr 1867, wird bei Issmayer ausdrücklich unterschieden zwischen „Dampfschiff mit Spiritusheizung" und „Dampfschiff mit Mechanik". Somit spricht der zeitgenössische Wortlaut zugunsten des Uhrwerkes.

Um 1900 wurden speziell Kriegsschiffe als Spielzeug populär. Schoenner in Nürnberg hatte das wohl breiteste und modellgetreueste Programm, teilweise nach Originalplänen der Kaiserlichen Werft in Kiel gebaut, das er geschickt in die Strömungen der Zeit einpaßte. Damals förderte eine „Nationale Flottenbewegung" den Ausbau der Kaiserlichen Kriegsmarine zur „Waffe mit Weltgeltung".

Gerade in der Kriegsschiff-Sparte gibt es wahre Blech-Juwelen. Es sind dies die frühen Kreationen aus Ellwangen, Göppingen und Nürnberg. Märklins Panzer- und Linienschiffe, als Weiterentwicklung der besonders schönen und bunten Lutz-Schiffe, zeigen eine Fülle verspielter (!) Details, die ihnen heute Freunde und Spitzenpreise auf allen Auktionen sichern.

Die teils gigantischen Panzerschiffe standen also im Mittelpunkt, es gab sie in allen Größen und Preislagen. Als größter Schiffstyp wurde, wie beim Vorbild, das Panzerschiff (Panzerkreuzer) durch das Linienschiff, später Schlachtschiff genannt, abgelöst.

Aber auch die Kanonen- und Torpedoboote traten bei der binnenländischen Bevölkerung ins Bewußtsein durch die Alliierte Strafexpedition gegen China im Jahre 1900. Diesen flachen Schiffstyp fand man dann bei allen Herstellern für lange Zeit. Durch den verhältnismäßig einfachen Aufbau waren diese Kriegsschiffe gegenüber gleich großen Passagierschiffen kostengünstiger in der Herstellung, was aber nur zum Teil ihre weite Verbreitung erklärt.

Der Kolonialstreit mit seiner „Kanonenboot-Politik" trug sicher ebenfalls zur Popularität dieser Schiffsklasse bei.

Bei Albrecht Bangert liest man sogar, Bing hätte damals Regierungszuschüsse bekommen, um Maschinen zur Massenherstellung dieser Schiffe finanzieren zu können. Immerhin sind gerade Bing'sche Kanonen- und Torpedoboote heute noch recht oft anzutreffen.

Wie fast alles in der Technik-Geschichte, so könnte man auch das U-Boot auf Leonardo da Vinci zurückführen. Von ihm kennt man mehrere Zeichnungen, die eine Art Tauchglocke darstellen.

Danach kamen viele heute noch bekannte und auch wieder vergessene Konstrukteure, die teilweise sogar beachtlichen Erfolg hatten. Um 1850 begann dann die entscheidende Phase mit den Konstruktionen des bayerischen Artillerie-Korporals Wilhelm Bauer, der heute allgemein als „Vater der U-Boote" gelten darf.

Das erste Kampfboot, das ein gegnerisches Schiff versenkte, war im amerikanischen Bürgerkrieg auf seiten der Südstaaten die HUNLEY, gebaut von Horace Hunley. Sie wurde mit Muskelkraft bewegt. Die Besatzung wirkte „wie Kolben und Pleuel" auf eine Kurbelwelle! Vorher gab es sogar einmal praktische Versuche mit einem Riesen-Uhrwerk. Dann mit Dampfmaschinen, die aber an Sauerstoff-Problemen scheiterten. Im späten 19. Jahrhundert probierte man schon Elektromotoren, ging dann aber in unserem Jahrhundert bald von Benzin zu Dieselmotoren und dann zum Diesel-elektrischen Antrieb, bis hin zum heutigen Atomantrieb, der erst den steten Unter-Wasser-Betrieb ermöglichte.

Die Aera der später berühmten deutschen U-Boote begann um 1900. Im Jahre 1905 lief die U1, gebaut von der Germania-Werft, in Kiel vom Stapel. Die U1 hatte einen Benzinmotor.

Am 2. September 1914 versenkte das deutsche Boot U21 vor Schottland den englischen Kreuzer PHATFINDER, nach dem HUNLEY-Angriff auf die HOUSATONIC im amerikanischen Bürgerkrieg, das erste durch ein U-Boot versenkte Kriegsschiff!

Noch berühmter wurde in Deutschland Kapitänleutnant Weddigen, der mit seinem U9 gleich drei englische Panzerkreuzer der Abukir-Klasse Ende 1914 innerhalb von zwei Stunden versenkte. U9 ist noch heute im Deutschen Museum in München zu besichtigen.

Damit begann ein neues Kapitel Seekriegs-Geschichte, reich an Mut und Tapferkeit, aber auch ebenso verlustreich und tragisch.

Die Spielzeug-Industrie war von Anfang an dabei. Denn noch bevor die Kaiserliche Kriegsmarine ihr erstes U-Boot in Dienst stellte, erhielt Bing schon 1901 Patente für Spielzeug-Unterseeboote, die wellenförmig tauchen konnten!

Uebelacker in Nürnberg bekam gar schon Anfang 1892 ein Patent für die Unterwasser-Auslösung eines Schußknalls in seinem U-Boot-ähnlichen Schiff, von dem aber nicht bekannt ist, ob es gänzlich unter Wasser fuhr und in regelmäßigen Abständen auf- und untertauchen konnte. Deshalb dürfen die Bing-Patente von 1901 als Basis für Modell-U-Boote angesehen werden.

Die Jahre von 1890 bis etwa 1930 geltem dem Spielzeugsammler als die Goldene Epoche der Blechschiffe; in dieser Zeit entstanden die schönsten, prunkvollsten und größten Spielzeugschiffe bei allen Herstellern, von denen die deutschen Firmen wohl weltweit führend waren, ohne Radiquet in Paris einen Spitzenplatz versagen zu wollen.

Den Schiffen wurden meist Namen in allen Sprachen der Importländer gegeben; so kommt es vor, daß identische Typen einmal Hohenzollern und France oder Chicago und New York heißen können.

Nach dem Ersten Weltkrieg bleiben nur wenige Fabrikanten dem nassen Element treu. Viele waren durch Kriegsumstände ausgeschieden, so Carette in Nürnberg. Andere zogen sich auf Billig-Spielzeug zurück, das gerade auf dem Schiffs-Sektor wenig Anklang fand. Bing schied 1932 wegen wirtschaftlicher Schwierigkeiten als Spielzeughersteller aus.

Die großen Blechschiffe waren schon früh, vielleicht noch in größerem Maß als Eisenbahnen, „Modell-Spielzeug" der Väter. Dafür spricht beispielsweise das Zurüst-Angebot von Bing mit langlaufenden Uhrwerken, Elektromotoren mit Akku-Sätzen, Dampfmaschinen, Getrieben, Wellen und speziellen Antriebsschrauben mit unterschiedlichen Steigungen. Mit diesem „Modellbau-Angebot" konnten die serienmäßigen Spielzeug-Dampfer in Modelle umgerüstet werden, die dann fast „wirklichkeitsgetreuen" Betrieb zuließen.

Große Blechschiffe waren enorm teuer! Ein Beispiel: Ein Modell von Ernst Plank, 1914, Uhrwerk, 50 cm lang, kostete 60,— Goldmark. Das entspricht in der Kaufkraft heute etwa DM 1000,—! Das stützt ebenso die These vom Erwachsenen-Spielzeug, wie die schon bekannte Feststellung, daß echter Dampfbetrieb aufgrund seiner Gefährlichkeit zu keiner Zeit reines Kinderspielzeug war. Hier auf dem Wasser lag die Gefährlichkeit weniger in der Brandgefahr, als in der Möglichkeit einer Kesselexplosion, da das Schiff ja längere Zeit ohne Wasserstandskontrolle auf dem Teich kreuzte.

Schon gut 80 Jahre vor den heute üblichen Fernsteuer-Wettbewerben gab es Modellschiff-Konkurrenzen, die in der Zeit zwischen beiden Weltkriegen sogar meist „Serienklassen" für Industriemodelle anboten. Es gab Geschicklichkeits-Wettbewerbe nach Slalom-Art und reine Geschwindigkeits-Konkurrenzen für Rennboote, wobei Handicap-Formeln für den Ausgleich unterschiedlicher Antriebsarten sorgten. Und es gab sogar Langstrecken-Wettbewerbe über mehrere Stunden! Interessant ist hier ein Vergleich der einzelnen Antriebsarten eines serienmäßigen Märklin-Schiffes um 1910. Die Betriebsdauer dieses Schiffes betrug mit Uhrwerk-Antrieb zwanzig Minuten, mit einer Dampfmaschine ausgerüstet eine Stunde und mit Elektro-Antrieb (Akku) gar sechs Stunden.

Die großen Passagierschiffe waren durchweg recht modellgetreu, was allerdings schon durch die Silhouette generell leichter erreichbar ist, als beispielsweise bei Lokomotiven, deren Erscheinungsbild durch die Achsfolge entscheidend geprägt wird.

Trotzdem hat es auch bei den Spielzeugschiffen vornehmlich aus rationellen Gründen in der Serienherstellung Ungereimtheiten gegeben. Schornsteine, Masten und andere Aufbauten wurden in gleicher Größe für verschiedene Schiffsgrößen, beziehungsweise Rumpflängen verwendet. Für ein kleines Modell waren sie eventuell zu groß, für lange Schiffe dann zu klein und zu kurz.

Da half man sich ganz einfach mit der Aufstellung eines weiteren Schornsteins gleicher Größe, um die Länge des Rumpfes zu füllen. Wir glauben aber, daß weder Märklin, noch Bing und Schoenner es sich bei der Lösung der verschiedenen Größen-Probleme so leicht gemacht haben.

Allerdings war früher die Anzahl der mächtigen Schornsteine die kindliche Maßeinheit für Größe und Überlegenheit.

Aber nicht nur beim Spielzeugschiff, sondern auch vornehmlich beim großen Vorbild! Bei vielen der mächtigen großen Vier-Schornstein-Ocean-Liner waren wenigstens zwei Schornsteine nur Attrappen und wurden zu allen möglichen Lagerzwecken verwendet, nur nicht zum Dampf-Ablaß! Eine Mode der damaligen Zeit bis zur Mitte der zwanziger Jahre.

Aber es gab auch noch ganz andere „große Pötte" in Blech, nicht nur die Passagierdampfer mit Blauem Band und klingendem Namen oder die glorifizierten Kriegsschiffe: Schoenners Baukasten-Segler, die mit einem Blechrumpf ausgestattet waren, dazu Bings typisches US-Fährschiff vom Hudson-River, gebaut um 1917 (!), das heute als große Kostbarkeit gilt.

Es gab Frachtschiffe, Tanker, ja sogar Flugzeugträger!

Modellmäßige Raddampfer (Flußschiffe) wurden recht selten gebaut; meist haben gerade diese Schiffe ein „lustiges", karikaturähnliches Aussehen. — Warum eigentlich? Eine berühmte Ausnahme ist aber Märklins Ausflugsraddampfer „Loreley" von 1923, der zweifellos zu den schönsten Blechschiffen zählt und dessen Vorbild man auf fast allen alten Ansichtskarten vom Rhein finden kann.

Und wer will die „Knatterbötchen" vergessen? Die billigen Schiffchen, meist im Sportboot-Look, mit ihrem Mystery-Antrieb, dem knatternden Heißwasser-Ausstoß, der ihnen den Namen gab? Damit haben doch die meisten von uns heutigen Sammlern an irgendeinem Löschteich der dreißiger oder vierziger Jahre begonnen... oder in der Badewanne.

Daß es auch große Schiffe, zum Beispiel von Märklin, mit diesem Mystery-Antrieb gab, soll ebenso erwähnt werden, wie die Problematik dieses Antriebs. Denn meist war dieser Antrieb gar keiner, sondern ein stetes Ärgernis.

Im Jahr 1930 gab es noch stattliche Blechschiffe von rund einem Meter Länge. Etwa ab der Mitte dieses Jahrzehnts wurden die Schiffe dann rapide kleiner und um 1938 lag die Durchschnittslänge des Angebotes unter 50 cm! Auf die möglichen Hintergründe im Zusammenhang mit der Kriegsrüstung haben wir ausführlich in unserem Buch „Spielzeug-Eisenbahnen" hingewiesen. Es mußte Blech gespart werden! Auch bei Milet/Forbes („Schiffe") findet sich ein möglicher Hinweis auf diesen Verkleinerungszwang, wenn dort von der Verwunderung zu lesen ist, daß sich die Blechschiffe anfangs der dreißiger Jahre ganz rapide verkleinerten. Hier ist doch eine auffallende Ähnlichkeit zur Verkleinerung bei den Eisenbahnen, den Soldaten und den Autos in dieser Zeit. Stützt diese Feststellung nicht die These des staatlichen Zwanges?

Um den Beginn des Zweiten Weltkrieges fertigten vornehmlich Fleischmann und Märklin schöne Schiffe, dazu ist noch die Firma Arnold in

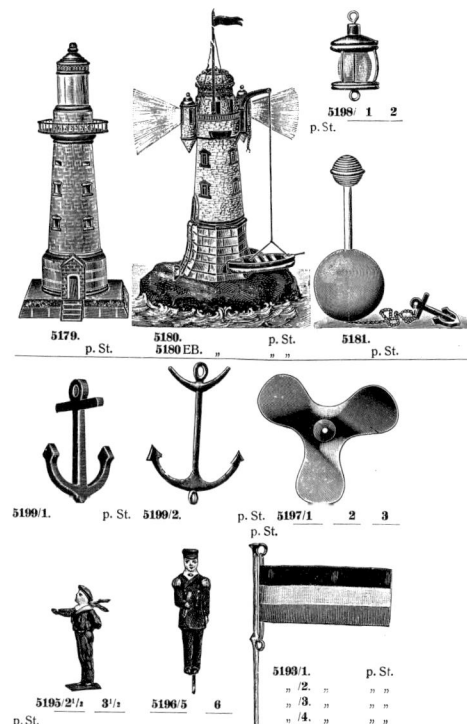

5179.
p. St.

5180.
5180 EB.

p. St.

5181.
p. St.

5199/1.

p. St.

5199/2.

p. St.

5197/1   2   3
p. St.

5195/2½   3½
p. St.

5196/5   6

5193/1.   p. St.
„ /2.   „   „ „
„ /3.   „   „ „
„ /4.   „   „ „

Nürnberg zu nennen, die 1940 ein modellmäßiges U-Boot baute. Nach dem Zweiten Weltkrieg nahm Märklin die Schiffsherstellung nicht mehr auf und es verblieben Arnold und Fleischmann.

Arnold stellte die Fertigung von Schiffen um 1955 ein und die Fleischmann-Schiffsproduktion endete 1958. Diese späte Fleischmann-Produktion kann auch nur als ein Abgesang vergangener Jahre angesehen werden, wenn man weiß, daß um 1900 bei Fleischmann eine Spezialabteilung Ausstellungsmodelle für den Norddeutschen Lloyd fertigte, die noch heute in Schiffsmuseen stehen. Fleischmann war wohl in Nürnberg vor dem Ersten Weltkrieg die einzige Firma, die Drück- und Ziehwerkzeuge hatte, um Schiffsrümpfe aller Größen zu formen und herzustellen. Wegen der hohen Kosten für diese Spezialwerkzeuge belieferte Fleischmann mit Schiffsrümpfen auch die anderen Schiffsanbieter in und um Nürnberg.

Zwischen den beiden Weltkriegen befuhren gigantische Luxusliner die Ozeane und jagten sich gegenseitig das Blaue Band ab. Jeder „richtige" Junge war davon begeistert und wenn sein Freund eine „Queen Mary" besaß, mußte er natürlich eine „Bremen" haben und eventuell zeitgemäß ein Kriegsschiff dazu. Der Spielkamerad rüstete dann auf U-Boote um...

Um 1953 war dies alles ganz anders geworden. Der Linienflug war populär und für weite Bevölkerungsschichten erreichbar. Es begann langsam aber sicher das Zeitalter der Urlaubsflüge in den Süden. Flugzeuge waren die neuen großen Verkehrsträger zwischen den Kontinenten. Die Ozeanriesen hatten ausgedient — im Großen wie im Kleinen! Im Jahr 1956 war der Umbruch zugunsten des Flugverkehrs erreicht: Erstmals benutzten mehr Passagiere das Flugzeug als das Schiff zu Fernreisen.

Da Blechschiffe doch in ihrer Mehrzahl Kinder-Spielzeug waren, ist ihr Verschwinden aus den Schaufenstern ganz natürlich, denn Kinder-Spielzeug befindet sich immer auf der Höhe der Zeit und seiner Vorbilder. Kinder-Spielzeug ist zu jeder Zeit ein Abbild der Umwelt des Kindes — schon allein deshalb hat Kinderspielzeug musealen Wert für spätere Generationen.

Flugkörper aus Blech gibt es noch immer

Vom mittelalterlichen Warmluft-Drachen zum Weltraumkörper made in Japan

Sucht man nach den Anfängen des Spielzeugs im Luftfahrt-Bereich, so muß man viel weiter zurück in die Vergangenheit gehen, als man zunächst vermutet.

Belege dafür finden sich nicht erst zum Beginn unseres Jahrhunderts, sondern schon vor gut 590 Jahren mit einem „Erwachsenen-Spielzeug" und dann vor über 190 Jahren mit „echtem" Kinderspielzeug... Im Buch „Deutsche Geschichte in Bildern" (Hrsg. H. Jahnkuhn) finden wir die Bauanleitung (!) für den Warmluftdrachen eines Konrad Keyser — aus dem Jahr 1400!

Die bunte Zeichnung zeigt einen Ritter im Galopp, der einen naturalistisch ausgebildeten Drachen durch die Lüfte zieht. In der Hand hält der Reitersmann eine Seilspindel mit Kurbel!

War dies nur eine Idee, ein Einzelstück? Wohl kaum, denn da ist die zeitgenössische Bauanleitung... Es handelt sich hier wohl tatsächlich um ein frühes Flugspielzeug für Erwachsene.

Hinweise auf echtes Kinderspielzeug finden wir dann vierhundert Jahre später um 1800, im heute als Reprint wieder erhältlichen Katalog des damaligen Nürnberger-Spielzeug-Großisten Bestelmeier, mit den dort abgebildeten Montgolfieren aus buntem Papier. Die Suche nach solchen frühen Spielzeug-Heißluftballons muß heute wohl vergeblich bleiben. Wenn die Papierhülle nicht schon damals beim Spielen verbrannte, so wird sie irgend ein Zahn der Zeit zermürbt haben. Auffindbar könnten eventuell die Gondeln („Schiffe" genannt) sein, die das brennende Wachspapier zur Heißluft-Erzeugung aufnahmen. Solche Heißluftballons zum Spielen wurden übrigens bis in die vierziger Jahre unseres Jahrhunderts hergestellt. Einer der Autoren kann sich noch gut an verbrannte Tischdecken·und deren schmerzliche Folgen erinnern...

Die Feststellung der Existenz der Bestelmeier-Heißluftballons ist für uns also mehr theoretischer Natur, aber doch wohl historisch wertvoll. Praktischer, das heißt „anfaßbar" wird unser Thema dann zu Beginn unseres Jahrhunderts. Aus dieser Zeit können wir heute mit einigem Glück noch Stücke aufstöbern, sie zumindest aber mit viel Geld auf Auktionen erwerben.

Die „neumodischen" experimentellen Fluggeräte stießen überall auf lebhaftes Interesse und wurden sehr bald von der aufstrebenden Spielzeug-Industrie entdeckt.

Noch bevor überhaupt die Gebrüder Orville und Wilbur Wright 1903 mit ihrem Motor-Flugzeug vom Erdboden zum epochemachenden Hüpfer abhoben, gab es schon Spielzeug-Flugkörper. Dies waren vornehmlich Gleiter, aber auch teilweise skurrile Motorflug-Vorläufer, mit Uhrwerken und sogenannten Gummimotoren (= verdrillte Gummibänder), die es ja bis zu diesem Zeitpunkt „in der Wirklichkeit" noch nicht gab. Diese „vor-epochalen" Aeroplane, so lautete der zeitgenössische Name für diese Fluggeräte, hatten noch kein typisches Aussehen. Man hatte damals also noch kein klares „Bild" von einem Flugzeug, etwa so wie heute jedes Kind ein Flugzeug zeichnet: Rumpf, Flügel in der Mitte, Leitwerk hinten, und wenn mit Kolbenmotor, dann Propeller vorn.

So einfach war es damals noch nicht, denn die Form der Fluggeräte war wirklich noch vielgestaltig; in der (antriebslosen) „vor-Wright-Zeit"

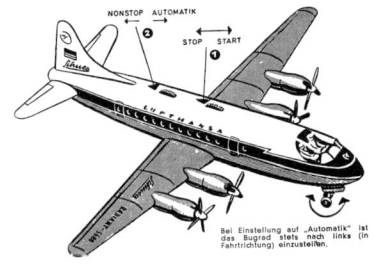

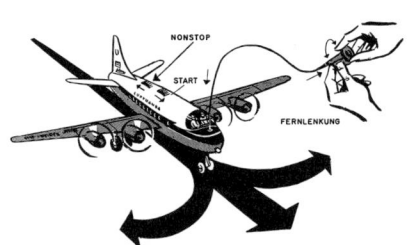

dominierten Gleiter in Vogel-Form (Otto Lilienthal in Berlin, zum Beispiel), und um die Wright-Zeit wurde dann die Typen-Palette noch
vielfältiger. Es gab nach wie vor die Vogel-Nachbildungen, aber auch
Vieldecker mit jeder nur erdenklichen Anordnung. Zum Beispiel auch
Apparate, die mehr Ähnlichkeiten mit beflügelten Schiffsrümpfen hatten. Die Herstellung der ersten Flugkörper war Sache der Bastler, die
oft genug nur Spott ernteten, denn was symbolisiert schon deutlicher
einen Mißerfolg, als gerade ein abgestürzter Flugkörper?

Die Vielzahl der Flugkörper-Bauarten und die damalige Unsicherheit
über die möglichst zweckmäßige Form, läßt den Schluß zu, daß es bis
zum Erstflug der Gebrüder Wright nur Kleinserien von Spielzeug-Flug-
körpern gegeben haben kann, die zudem nicht aus Blech, sondern
hauptsächlich aus Holz, Papier, Draht und Stoff gefertigt wurden, —
was als durchaus modellmäßig gelten darf. Diese leicht zerstörbaren
Werkstoffe sind leider dafür verantwortlich, daß heute kaum noch zeitgenössische Stücke zu finden sind. Das bedingt ihren hohen Preis bei
Sammlern.

Die Idee des Motorfluges bestand schon lange vor den Wrights. Der
Verdienst dieser Brüder liegt in der Realisierung dieser Idee. Gleich
nach dem Wright-Hüpfer erschienen Flugkörper in allen Spielwaren-
Katalogen und wurden nun, der deutlich gestiegenen Nachfrage wegen,
in größeren Serien gefertigt. Zwar blieben die Erscheinungsformen nach
wie vor vielfältig, aber Motor und Propeller bildeten jetzt unverzichtbare
Kennzeichen! Noch nicht entschieden war allerdings die Anordnung des
Propellers, ob als Zug- oder Druckschraube; ob vorn an der Spitze oder
hinter den Tragflächen.

Ab 1903, dem Jahr des Wright-Erstfluges, wurden die Spielzeug-Flugge-
räte also deutlich konkreter, wirklichkeitsnäher und 1909, als Louis
Blériot erstmals den Ärmelkanal überflog, kann man schon echte
Modelle in Spielzeug-Katalogen entdecken, so Blériot-, Brequet- und
Rumpler-Typen.

Hier muß aufgrund seiner seltenen Technik speziell ein Bing-Flugzeug
erwähnt werden, das „richtig" mit Propellerantrieb fliegen konnte —
preßluftgetrieben! Der Rumpf dieses Bing-Modells bestand aus einer
Druckflasche!

Nachdem die Aeroplane in vielfältiger Form sich anschickten die Luft zu
erobern, zeigte sich gleichzeitig ein damals noch ernstzunehmender
Konkurrent, — das Luftschiff! Die Konzeption der Luftschiffe glich
einem Kompromiß: Der altbekannte Ballon als Tragkörper und Motoren mit Propeller für den Vortrieb.

Luftschiffe gab es „schon immer", will man den unzähligen Sagen glauben. Die vermutlich erste Abbildung eines „Luftschiffes", genauer eines
fliegenden Schiffes, veröffentlichte im Jahre 1489 der Straßburger Druk-
ker Peter Attendorn. Hier handelt es sich also immer um die sagenhafte
Umsetzung eines Segelschiffes in ein anderes Element, erhoben aus dem
Wasser, aufgestiegen in die Lüfte des Himmels. Im Laufe der Jahrhun-

derte näherte man sich dann mehr und mehr in Theorie und Zeichnung dem späteren wirklichen Luftschiff, wobei die Erfolge der Gebrüder Montgolfiere (1783) mit ihren Heißluftballons bedeutende Zwischenstationen waren und entscheidend für den Weg dann wohl der Wasserstoffgas-Ballons von Jacques Charles („Charliere"), ebenfalls 1783.

Und so zeichnete sich die Entwicklung zum lenkbaren Luftschiff im Schema ab: Oben der (nun längliche) Ballon, darunter die Gondel, ausgestattet mit einem Propellerantrieb für den Vortrieb... und daß man tatsächlich mit Dampfmaschinen als Kraftquelle experimentierte, ist eigentlich nur logisch, — mit was denn sonst hätte man es in der Zeit zwischen 1840 und 1890 probieren sollen?

Der Franzose Henri Giffard baute 1852 ein Luftschiff von 44 Metern Länge, angetrieben von einer 3 PS-Dampfmaschine mit 45 kg Gewicht und einem Dreiblatt-Propeller, der einen Durchmesser von 3,30 Meter hatte. Der bemannte Erstflug führte über 25 km und gilt heute als wohl erster Flug mit eigenem Antrieb. Giffards Luftschiff war vorn und hinten spitz, mit einem Netz umspannt, abgesteift durch eine Stange und darunter die Gondel für Dampfmaschine und Pilot, — das „moderne" Luftschiff war geboren! Von Giffard bis Zeppelin zieht sich nun ein breites Band erfolgreicher Versuche, auch mit Elektromotoren. Und sogar mit Uhrwerkantrieb (!) hat man es versucht, allerdings ohne Erfolg im Großbetrieb. Um die Jahrhundertwende war dann die Antriebsfrage klar zugunsten des Verbrennungsmotors entschieden. Starr und mit Benzin startete man in die Epoche der Verkehrsluftschiffe.

Unterteilt werden die lenkbaren Luftschiffe in die noch ballonnahen „unstarren" Prall-Luftschiffe, auch Parseval-Luftschiffe genannt, nach dem bekannten Konstrukteur dieses Prinzips, Major August von Parseval. Die Zeit der Parseval-Schiffe begann etwa um 1909 und endete schon im Ersten Weltkrieg.

Die zweite Gruppe, deren hervorragendste Vertreter die Konstruktionen des Grafen Zeppelin sind, werden als „starre" Luftschiffe bezeichnet, deren Hülle auf eine Gitterkonstruktion aufgelegt ist. Mit Graf Zeppelins LZ 1 begann 1901 die erfolgreiche Aera der starren Luftschiffe, die 1937 mit der Brandkatastrophe in Lakehurst/USA endete, als in den Trümmern von LZ 129 „Hindenburg" 35 Menschen den Tod fanden. Danach wollte man die Passagiere nicht mehr der Gefahr des hoch explosiven Wasserstoffgases aussetzen und das unbrennbare Helium stand als Traggas für Deutschland nicht in ausreichender Menge zur Verfügung. Aus politischen Gründen waren die USA nicht bereit, Helium an das Dritte Reich Hitlers zu liefern.

Die „Graf Zeppelin II, LZ 130, wurde zwar noch 1938 in Dienst gestellt, aber nicht mehr für den Passagierdienst eingesetzt. Das Flugzeug hatte gesiegt. — Aber unsere Spielzeug-Zeppeline aus Blech haben die Zeiten überdauert.

Spielzeug-Luftschiffe der Parseval- und Zeppelin-Aera finden wir bei fast allen deutschen Spielzeug-Herstellern in mehr oder weniger wirklichkeitsnahen Darstellungen. Hervorzuheben ist hier einmal die Vielfalt des Angebotes der Nürnberger Firma Carette (vor dem Ersten Weltkrieg) und dann Märklins technische Qualität und Vorbildtreue, sowohl bei den frühen wie auch späten Zeppelin-Typen der Jahre 1935. Diese sind auch in den Modellen von Tipp & Co recht gut repräsentiert.

Die meist nicht auf konkrete Vorbilder zurückführbaren Spielzeug-Flugkörper der fliegenden Frühzeit wurden in den ersten Verbraucher-Katalogen der Spielzeug-Industrie, die ab 1924 erschienen, modellgetreuer oder besser gesagt an bestimmte Typen angelehnt. Dazu trugen natürlich auch wesentlich die Original-Flugzeuge bei, denn sie entwickelten sich vom offenen „Drahtgestell" hin zum geschlossenen Ganzmetall-Flugzeug, dessen große Linienführung heute auch prinzipiell Gültigkeit hat.

In den dreißiger Jahren folgten dann wirkliche Modelle. Zum Beispiel: Märklins Rohrbach, Junkers und Focke-Wulf-Flugzeuge, Fleischmanns Do-X, Günthermanns Dornier-Verkehrsflugzeuge und Tipp & Co mit Fieseler- und Heinkel-Modellen.

Der Bogen spannt sich von den ersten geschlossenen Hoch- und Doppeldeckern mit noch offenen Pilotsitzen, über die Großflugzeuge, die Do-X (Dornier und Jungers-Linie prägte jahrelang den Stil Nürnberger Spielzeughersteller, so zum Beispiel bei Günthermann), bis hin zu den Flugzeugen von Tipp & Co mit ihren zahlreichen Funktionen. Und dann die verschiedenen Flugzeug-Baukästen von Dux und speziell wieder Märklin. Die ein- und dreimotorigen (Ju 52) Junkers-Flugzeuge des Göppinger Spielzeug-Herstellers bildeten zweifellos den Höhepunkt der Blechflugzeug-Produktion. Bei Dux gab es nicht nur Baukästen mit standardisierten „flächigen" Stanzteilen, wie bei Meccano/England, sondern auch Bausätze für real „plastische" Modelle (Stuka Ju 87), ganz im Stil der Märklin-Baukästen. Beachtenswerte Nachkriegs-Modelle in Blech fertigen vornehmlich Arnold, Biller, Gama, Schuco und Tipp & Co.

Wenn auch Spielzeug-Luftschiffe aus Blech heute ausgestorben scheinen, finden sich doch noch hin und wieder moderne Blechflugzeuge im Angebot der Spielwaren-Geschäfte, vornehmlich importiert aus Fernost.

Die Flugkörper der jüngsten Spielzeug-Generation, die Weltraumkörper, international von den Spielzeugsammlern Space- oder Luna-Objekte genannt, kommen ebenfalls mehrheitlich aus dieser Region, aus Japan, Taiwan, China und Hongkong — und nicht zu vergessen als jüngstes Herstellerland von Blechspielzeug aller Art: Indien! Japan stand und steht mengenmäßig zweifelsfrei an der Spitze, ist jedoch nicht die Wiege des Weltraum-Spielzeuges.

Diese Ehre gebührt wohl dem englischen Zweigwerk der mehr für ihre Spielzeug-Eisenbahnen bekannten US-Firma Marx, die schon gegen Ende der dreißiger Jahre seine legendäre Moon-Rider-Rakete in den Handel brachte.

Diese Marx-Rakete gilt heute als Krönung jeder Weltraum-Spielzeugsammlung, nimmt sie doch nicht nur das erst viel später erreichte vorweg, sondern auch noch die heutige Zukunft: Der naiv anmutende

(Anmerkung zum Thema Händler- und Verbraucher-Kataloge: vor etwa 1920 kannte man meist nur bebilderte Händler-Preisbücher (Musterbücher). Verbraucherkataloge waren die Ausnahme. Die noch heute üblichen Jahreskataloge für den Endkunden entstanden auf breiter Linie erst um 1925

Lithographie-Druck zeigt hinter Fenstern fröhliche Passagiere, gekleidet wie zum Picknick-Ausflug mit der Vorort-Bahn am Sonntagmorgen! Zu spät waren aber auch die deutschen Hersteller nicht: In den fünfziger Jahren, noch lange vor dem großen Weltraum-Boom, fertigten Techno-fix (Gebrüder Einfalt) eine „Weltraumstation" und Günthermann eine noch ganz am Vorkriegs-Stil orientierte „Rakete am Draht", die am Ende ihrer „Flugbahn" mit einem Fallschirm zum Boden zurückkehrte. Das sind nur zwei Beispiele; irgend eine Zukunftsvision hatte wohl jeder Nürnberger Hersteller im Programm.

Sammeln mit System

Wenn man sein Herz an altes Spielzeug verliert, besteht leicht die Gefahr, daß man gleich von der berüchtigten Sammelwut befallen wird. Das ist eine Krankheit, deren Heilung schmerzlich und teuer sein kann. Bei planlosem Sammeln entsteht bald ein platzraubendes Sammelsurium von Spielzeug, das später bei fortgeschrittenem Fachwissen, keinerlei Befriedigung mehr bieten kann.

Breitgefächerte Sammelgebiete lassen zudem keine finanzielle Konzentration auf Spitzenstücke zu, da man fast jeden Tag irgendwo etwas entdeckt, von dem man glaubt es besitzen zu müssen. Eine teure und hektische Phase, der fast alle Sammelanfänger erliegen, da noch die zu jeder Art von wertbeständigem Sammeln nötigen Grundkenntnisse fehlen. Spielzeug ist nun einmal nicht generell wertvoll oder „sammelwürdig", nur weil es aus Blech gefertigt wurde! Empfehlenswerter (und preiswerter!) ist von Anfang an der „wissenschaftliche" Weg! Nach dem Kauf der ersten alten Dinge, die uns ja den Anreiz zum Sammeln vermitteln, sollte man sich Fachliteratur zum generellen Thema Spielzeug besorgen. Und dann lesen, Abbildungen studieren, lesen, Abbildungen studieren, lesen... Beim Studium dieser Bücher erkennt man sofort, daß eine General-Sammlung schon aus Platz- und Preisgründen utopisch bleibt, und die Erkenntnis reift damit schnell, daß man sich spezialisieren muß, wenn man später eine echte Sammlung und kein Sammelsurium sein eigen nennen will. Das in Literatur investierte Geld wird mit Sicherheit dann mehrfach beim Kauf von Sammelgegenständen (oder auch unterlassenem Kauf!) eingespart. Dieser Weg lohnt sich wirklich.

Zunächst sind bei der Auswahl eines Sammelgebietes zwei ganz persönliche Dinge zu beachten und meistens ausschlaggebend:

Welches Blechspielzeug hat den angehenden Sammler in seiner Kindheit am meisten beeindruckt?

Welchen sehnlichsten Wunsch hatte man, wenn man als Kind einst vor einem Schaufenster eines Spielwaren-Geschäftes stand?

Die nächsten Punkte sind auf dem Weg vom Kind zum Jugendlichen zu finden: Welches Gebiet der Technik hat zu dieser Zeit das größte Interesse geweckt? Die Seefahrt zum Beispiel oder das Auto, die Bahn oder die Luftfahrt, die Maschinentechnik?

Nach solchen Überlegungen fällt es eigentlich nicht schwer, sein persönliches Sammelgebiet zu finden. Ein Sammelgebiet also, das große Freude bereiten wird, denn sammelwürdige Stücke gibt es für all diese technischen Richtungen. Wir sammeln in erster Linie doch wegen der echten Freude am schönen Stück, wenn wir auch daran denken wollen, eine gute Geldanlage in Zeiten schnell steigender Preise, auch auf unserem Sammelgebiet, zu besitzen.

Wer sich mit einem Thema dieses Buches, den Schiffen oder den Flugkörpern beschäftigt, hat den generell ersten Schritt zur Spezialisierung schon getan.

Nun wird man erkennen, daß selbst nach der Festlegung auf ein solches Teilgebiet noch immer zu viel „mögliche Masse" bleibt. Überlegen Sie einmal, wieviel Firmen über Jahrzehnte Blechschiffe aller Typen mit allen möglichen Antriebsarten (und auch ohne) in allen möglichen Größen gebaut haben ...

Damit wäre dann wohl auch klar, daß eine feinere Unterteilung eines jeden Sammelgebietes anzustreben ist.

Die engstmögliche erscheint uns speziell bei Schiffen und Flugkörpern die Festlegung auf eine einzige Herstellermarke, so zum Beispiel nur Märklin oder Bing, etwas offener und weitläufiger gesehen: Nürnberg oder Württemberg.

Vielen Sammlern wird diese Eingrenzung doch zu eng sein und so schlagen wir vor: Nur deutsche Hersteller.

Die nächste Eingrenzung könnte sich auf die Baugröße beziehen, etwa ab 20 cm Länge. Oder nach der Antriebsart, etwa dampfgetriebene Schiffe. Auch nach dem Arbeitsbereich des Vorbildes kann man gliedern, zum Beispiel nur Ozean-Liner oder nur Sportboote, nur Flußdampfer oder Kriegsschiffe.

Analog dazu könnte es bei Flugkörpern heißen: Nur Doppeldecker oder nur Luftschiffe usw.

Eine zusätzliche Einschränkung bringt eine Gliederung nach Zeitabschnitten (Epochen), die so aussehen könnte:

Bis 1914,   Die Zeit vor dem Ersten Weltkrieg.
            Die große Zeit der Luxus-Liner.
            Die Pioniere der Luft.
Bis 1930,   „Golden Twenties" zur See.
            Die erste Reisezeit am Himmel.
Bis 1940,   Perfekte Technik.
Bis 1960,   Bis zur Plastic-Aera.

Das sind also mögliche Wege zu einer Spezialisierung. Natürlich gibt es noch viele, viele andere individuelle Themen für eine begrenzte Sammlung.

So entsteht ein fest umrissenes Sammelgebiet, das aber noch genug Spielraum läßt. Man muß ja nicht jedes Teil dieser Größe und dieses Herstellers nehmen oder gar haben wollen!

Nur Spezialisierung erlaubt aber die Konzentration auf Spitzenstücke eines Sammelgebietes. Und damit wächst nun einmal der Wert einer Sammlung, nicht mit der Breite! Das ist eine Erkenntnis, die man auch bei aller Freude am „Spiel mit der Spielzeug-Sammlung" nicht vergessen sollte!

Es bleibt aber zu bemerken, daß es trotzdem eine Reihe von Sammlern gibt, die ohne Beachtung dieser Ratschläge kaufen oder tauschen was ihnen gefällt, gleich welcher Marke oder welcher Marktwert den Stücken zugeschrieben wird. In solchen Sammlungen stehen dann also „billigste" Stücke neben „besseren" Modellen, — einfach weil sie persönlich gefallen! So kann man vorgehen, wenn man früh genug, also schon vor Jahren, mit dem Sammeln begonnen hat, wenn man grundsätzlich nichts von seinen „Fundsachen" hergibt oder tauscht, oder wenn man ausreichende Geldmittel zur Verfügung hat. Sonst ist dieser Weg nicht zu empfehlen.

Zur Seltenheit von Schiffen und Flugkörpern aus Blech

Wieso sind eigentlich Blechschiffe so selten zu finden? Und warum sind ausgerechnet deutsche Flugzeuge der späten dreißiger und frühen vierziger Jahre so rar?

Wurden diese Spielsachen etwa nur in kleinen Stückzahlen gefertigt? Berechtigte Fragen. Und es gibt einfache und klare Antworten!

Auch Schiffe und Flugzeuge wurden von vielen Herstellern in großen Serien gefertigt. Allerdings ist das Wissen um diese Spielzeugsparte nicht so sehr Allgemeingut wie bei Spielzeugeisenbahnen und Autos, deren Geschichte mit vielen Abbildungen schon vielfach publiziert wurde.

Alte Schiffe sind nicht etwa deshalb so selten, weil sie besonders häufig durch forschende Kinderhände zerlegt wurden, sondern ihr ureigenstes Element, das Wasser ist ihr größter Feind und Zerstörer! Einmal sind viele Schiffe im Betrieb gekentert oder durch ein Leck mit Wasser vollgelaufen und gesunken, zum anderen führte Leckwasser im Rumpf zur schnellen Korrosion. Rost wiederum führt zu Löchern und das einst so stolze Schiff hatte somit seine Schwimmfähigkeit, seine Funktion verloren und landete auf dem Müll.

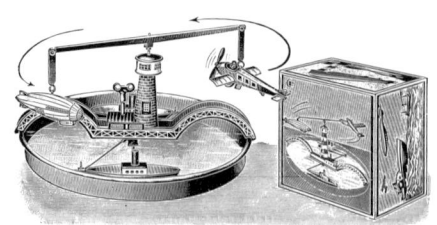

Blechflugzeuge der deutschen Produktion von Tipp & Co, Märklin und anderen, aus der Zeit von 1933 bis 1942, dem Zeitpunkt der Einstellung der Spielzeugproduktion wegen der totalen Rüstung, sind aus folgendem Grund selten:

Sie trugen das Hakenkreuz als Hoheitszeichen meist mehrfach am Rumpf, Leitwerk und Flügeln — und wurden deshalb bei Kriegsende sofort „entnazifiziert"! Besorgte Mütter haben solche Spielsachen oft noch vor dem Eintreffen der ersten Besatzungstruppen vernichtet. Hatten sie doch überlebt, war ein (öffentliches) Spielen mit ihnen in der Nachkriegszeit durch das Hakenkreuz-Emblem unmöglich.

Das Einpacken, ein längeres „Einmotten" dieser Flugzeuge warf auch Probleme auf: Flugzeuge mit ihren weit abstehenden Tragflächen, aber auch Schiffe mit ihren filigranen Masten, sind sperrige Spielsachen, die schnell beschädigt werden. Eine Eisenbahn ist hingegen leicht zu verpacken und einfach aufzubewahren, — ein weiterer Grund für die relative Seltenheit von Flugzeugen und Schiffen.

Letztlich muß noch berücksichtigt werden, daß Schiffe und Flugzeuge generell nur Spielzeug für einen relativ kurzen Lebensabschnitt eines Kindes darstellen, etwa für 8- bis 13jährige Jungen. Eisenbahnen begleiten oft sogar mehrere Generationen einer Familie ins Mannesalter oder wurden gar zum gepflegten Hobby fürs ganze Leben.

Flugzeuge der frühen Zeit sind selten, da sie einmal, entsprechend ihrer Vorbilder, sehr filigran gebaut waren und so als zerbrechliche Gebilde in Kinderhand arg litten. Zum anderen wurden diese frühen Fluggeräte, dazu zählen also auch Ballone und Zeppeline, von der enorm schnellen Entwicklung der Groß-Technik in rascher Folge abgelöst. Die Kinder wollten natürlich immer gleich das neueste Modell in der Hand haben, kaum daß sich das Vorbild in die Lüfte erhoben hatte. Die Spielzeug-Industrie war darauf bekanntlich von jeher eingerichtet und ihr konnte es nur recht sein, wenn „unmodernes" Spielzeug weggeworfen wurde.

Die Eisenbahnen im Kinderzimmer „veralterten" dagegen nicht so schnell, wenn überhaupt, da die Konturen der Lokomotiven und Wagen zeitloser blieben. Fortschrittliche Technik, wie etwa Triebwagen und verkleidete Lokomotiven, wurden einfach hinzugekauft und repräsentierten dann so den neuesten Stand in der Entwicklung.

So kommt es, daß man allein Blechflugzeuge aus der Zeit von 1920 bis etwa 1933 relativ oft findet, zumal diese recht kompakt, gar „klobig" gebaut und damit robuster oder unempfindlicher sind. Wer also Schiffe und Flugkörper sammelt, wird kaum in der Stückzahl mit einem Eisenbahn-Sammler konkurrieren können. — Will er das überhaupt? Seltenheit ist immer ein hohes Sammler-Kriterium. Schiffe und Flugkörper sind selten!

Der Preis und die Tendenzen

Flugkörper und Schiffe finden einen recht engen Markt der Spezialisten, obwohl diese Exponate auch generell von Allround-Spielzeug-Sammlern gesucht werden. Wie aber schon im Abschnitt „Wie und was sammeln?" erläutert, ist die Anzahl der finanziell potenten Generalsammler geringer, so daß diese kaum eine Preisbewegung auf dem Spezialistenmarkt auslösen können.

Zur Klarstellung dieser Aussage: Wir sprechen hier nicht von bescheidenen kleinen Uhrwerk-Bötchen oder Pennytoy-Fliegern, sondern von „besseren" Stücken wie einem Ozeanliner mit Dampfantrieb von Bing oder Carette und etwa einer dreimotorigen Baukasten-Junkers von Märklin, — obwohl die genannten Schiffe und das Junkers-Flugzeug ganz unterschiedlichen Preisklassen angehören. Solche Stücke sind dem vermeintlichen Generalsammler, zumindest in Deutschland, zu teuer und fallen somit allein in den engen Markt der Spezialisten. Nun könnte man meinen, daß ein als so eng beschriebener Markt schon erschüttert wird, wenn eine Sammlung aufgelöst wird oder drei neue, echte Interessenten gleichzeitig auf einer Auktion erscheinen. Nein, so ist das nicht. Der Markt für „bessere" Flugkörper und Schiffe ist seit Jahren ausgesprochen stabil, mit einer stetig steigenden Tendenz, vor allem aus dem Ausland.

Man kennt hier nicht die manchmal geradezu vulkanartigen Preis-Ausbrüche der Spur 0- und 00/H0-Eisenbahnen, aber doch eine langjährig beobachtete Preissteigerung, die deutlich über dem Zinsmarkt und auch dem Gold liegt.

Preiseinbrüche von nennenswertem Ausmaß sind in unserer Beobachtungszeit von rund 20 Jahren nicht eingetreten und Stagnationen wurden in darauf folgenden Jahren meist mehr als aufgeholt.

Eine interessante Beobachtung ist — und sie ist sicher gleich auch die Erklärung für den stabilen Markt dieser Gebiete —, daß Flugkörper- und Schiffssammler meist den gehobenen Einkommensschichten im Alter über 40 Jahren angehören; Leute also, die weniger impulsiv und mehr rational handeln, — trotz aller nostalgischer Freuden am alten Spielzeug.

Bei Spielzeug-Eisenbahnen ist dies vielleicht weniger so, beeinflußt durch die heutige Einstiegsklasse der H0-Bahnen der Nachkriegszeit, mit ihrem vornehmlich jüngeren Interessentenkreis. Aufgrund dieser Erkenntnis wagen wir die Voraussage, daß der Markt der Spielzeug-Sektoren Flugkörper und Schiffe, für gute Stücke weiterhin stabil bleibt und die Preise noch deutlich steigen werden, — immerhin kommen doch mehr Sammler hinzu, als der Markt Stücke aus aufgelösten Sammlungen (oder auch Neu-Funde) offeriert.

Daß besonders Schiffe, aber auch seltene Flugkörper wie Zeppeline, auf besonders hohem Preis-Niveau gehandelt werden, ist bekannt. Von allen Blechspielzeugen erzielen frühe, guterhaltene Dampfschiffe weltweit die höchsten Preise, die bestenfalls von absoluten Eisenbahn-Spitzenstücken erreicht werden.

Die sehr starke Nachfrage aus dem Ausland muß hier beachtet werden. Sie brachte in der letzten Zeit Preisrekorde. So wurden auf Auktionen der bekannten Auktionshäuser in New York und dem Osten der Vereinigten Staaten, aber auch in London, für die hier angesprochenen Blechspielzeuge Zahlen in $ oder £ genannt, die man bis dahin in der Bundesrepublik höchstens in DM zahlte!

Dieser Trend gilt im Ausland nicht nur für qualitativ hochwertige Stücke, sondern auch für Schiffe und Flugkörper in Pennytoy-Ausführung, zum Beispiel von Hess, Fischer oder Meyer hergestellt.

Unsere in diesem Buch genannten Preise möchten wir „Insider-Preise" nennen. Es sind Notierungen, die Sammler untereinander auch tatsächlich bezahlen. Sie wurden auf Auktionen und Tauschbörsen notiert und spiegeln unsere eigenen Erfahrungen wider. Natürlich liegen diese Preise unter manchem Auktions-Spitzenergebnis, das einmal erzielt wurde (und dann nie wieder), weil ein betuchter Sammler irgend etwas um jeden Preis haben wollte. Unsere Notierungen liegen auch mit Sicherheit unter den Preisen, die man manchmal bei Antiquitätenhändlern, Trödlern und von Flohmarkt-Profis hört. Dort schätzt man oft nach der Vereinfachungs-Devise: „Alles alte Blech ist teuer." Im übrigen bestimmt (fast) immer die Qualität den Preis! Echte Sammler können sehr genau Spitzenqualität von verlottertem Blech unterscheiden!

Die von uns genannten Preise entsprechen dem Stand von Herbst/Winter 1990/91. Wir machen ausdrücklich darauf aufmerksam, daß trotz aller Stabilität auch in relativ kurzer Frist Preis-Schwankungen möglich sind.

Der Markt. Wo und wie kaufen?

Möglichkeiten dazu gibt es viele:
Von Privat, auf Flohmärkten, beim Trödler, im Antiquitäten-Geschäft, auf Tauschmärkten, bei Auktionen.
Meist herrscht bei Anfängern die Meinung vor, daß die „billigen" Käufe von Privat und auf Flohmärkten allein möglich sind und Auktionen „viel zu teuer" sind. Das stimmt aber nicht.
Betrachten wir also die Kauf-Gelegenheiten einmal der Reihe nach:

Privat

Altes Spielzeug liegt tatsächlich noch auf den Dachböden und in Kellern. Mehr davon findet man in traditionellen alten „Beamten"-Städten und weniger in sogenannten „Arbeiter"-Städten. Die schon bekannte Begründung: Hochwertiges Spielzeug war früher sehr teuer!
Kontakt zu möglichen privaten Lieferanten findet man, neben Mundpropaganda, durch Zeitungsanzeigen.
Erwartungen auf günstige Preise und allwöchentliche Funde sollen aber nicht zu hoch gespannt werden:
Einerseits wird die Such-Anzeige zwar oft gelesen, aber nicht beantwortet, weil man glaubt, sein noch vorhandener „alter Plunder" sei doch nichts wert. Andererseits herrschen bei halbwissenden Anbietern oft viel zu hoch gespannte Preis-Erwartungen. Sie sind eine Folge der oft sensationell aufgemachten Presseberichte über das „Kapital im alten Blech".
Trotzdem, die Suche bei Privat rentiert sich noch immer — und ist tatsächlich auch noch immer die billigste Möglichkeit, Sammel-Stücke zu finden.
Ganz im Gegensatz dazu:

Der Flohmarkt

Sicher, hier und da findet man als Normal-Besucher auch auf Flohmärkten noch preiswert ein Stück für die Sammlung. Der Regelfall ist aber, daß die Flohmärkte heute schon im Morgengrauen von ganzen Sammler-Scharen abgegrast werden. Die Angebote, oft in traurigstem Zustand, stammen meist von Gelegenheits-Trödlern ohne Fachwissen, für die dann „alles alte Blech teuer" ist. Dementsprechend sind die Preise auf Flohmärkten heute allgemein überhöht. Wenn also ein Stück um 9.00 Uhr noch auf dem Verkaufstisch steht — Vorsicht! Auf Flohmärkten und bei Trödlern haben aber eher die Sammler einmal Glück, die schon ein erhebliches Fachwissen besitzen und daher besser erkennen, ob der hohe Einheitspreis des Anbieters wegen der eventuellen Seltenheit des angebotenen Stückes angemessen oder gar günstig ist.

Trödler

Es gibt Trödler mit Liebe zur Sache — und Trödler, die schnell und einfach nur „Geld machen" wollen. Bei der ersten Gruppe kann man durchaus günstig Sammelstücke erwerben. Bei der zweiten Gruppe beläßt man es lieber bei einem Versuch, — es sei denn, man wäre bereit, dieses Teil mit Gold aufzuwiegen, weil gerade dieses Stück in der Sammlung fehlt...

Antiquitäten-Geschäft

Die „ersten Häuser am Platz" führen „so etwas" gar nicht — also gehen wir gleich weiter zum Mittelstand dieser Branche. Dort finden wir meist ein gutes Angebot zu seriösen Preisen. Echte Antiquitäten-Händler sind kaufmännisches Handeln gewohnt und besitzen, als Grundlage ihres Geschäftes, ein solides Fachwissen, was meist schon vor überhöhten Preisen und Fälschungen schützt. Zudem ist auch im Antiquitäten-Handel der Trend zur Spezialisierung festzustellen und so gibt es in den größeren Städten heute oft spezielle Geschäfte für altes Spielzeug.

Spielzeug-Märkte

(Tausch-)Börsen: Spielzeug-Märkte sind Treffpunkte der Spezialisten mit breitem Angebot und Insider-Preisen, meist knapp unter den Auktionspreisen liegend. Auf diesen Märkten treffen sich Anfänger und Experten. Dabei ergibt sich für den Anfänger die gute Gelegenheit, preiswerte Stücke zu erwerben – und was noch wichtiger sein kann: Rat bei Experten zu finden. Er kann auch den Gesprächen der Fachleute zuhören und dabei viel lernen. Märkte, die ausdrücklich als „Modellbahn-Märkte" offeriert werden, bieten dem Blechsammler nur sehr wenig, – meistens nichts! Diese Veranstaltungen, die heute wie Pilze aus dem Boden schießen, sind Märkte für Modell-Eisenbahner und Neuware überwiegt hier oft.

Auktionen

Von den einen als preistreibend verteufelt und von den anderen als preisregulativ begrüßt, sind Auktionen der Treffpunkt der „großen und mittleren" Sammler mit großem Engagement:
Nirgends sonst steht eine so große Anzahl gesuchter Sammelstücke zum Verkauf – und nirgends sonst läßt sich so exakt ein Preis im Vergleich festlegen. Ein Besuch der großen Auktionen ist für den Spezialisten heute nahezu eine Pflichtübung – auch wegen des, diesem Sammelzweig eigentümlichen, „Freiverkaufs" außerhalb der eigentlichen Auktion!
Die Auktionskataloge mit den Ergebnislisten bilden die vergleichbare Preisbasis für den ganzen Handel und Tausch mit altem Spielzeug!
Wir sind der Auffassung, daß man auf Auktionen günstig kaufen kann, wenn man sich beherrscht und nicht um jeden Preis ein bestimmtes Stück mit nach Hause nehmen möchte. Man kann dort geradezu sehr günstig kaufen, wenn man hellwach ist und Stücke ersteigert, für die im Auktionssaal – aus welchem Grund auch immer – im Moment des Ausrufes kein echtes Interesse gezeigt wird; Fachkenntnisse vorausgesetzt!

Fazit

Alle diese Kauf-Möglichkeiten bieten Chancen. Dem einen Sammler genügt schon jede für sich allein — und für den anderen sind alle zusammen noch zu wenig.

Allein das Sammel-Ziel (gibt es da überhaupt ein Ziel?) und die „Belastbarkeit des Kontos" bestimmen Tempo und Nutzung aller aufgezeigten Möglichkeiten.

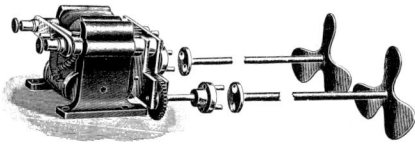

Restaurieren? Wenn ja — wie?

Wenn in Sammlerkreisen die Sprache auf Restaurieren kommt, ist es bis zum Disput meist nicht mehr weit, denn die Meinungen hierzu gehen weit auseinander.

Die einen lehnen Restaurieren total ab, weil sie im Sammelgegenstand (Spielzeug!) einen „Gebrauchsgegenstand des täglichen (Kinder-)Lebens" sehen, der dann naturgemäß auch Gebrauchsspuren trägt.

Die Gegenseite verlangt hingegen fabrikneues Aussehen ihrer Sammelstücke, was eventuell bis zu einer Ganz-(Neu-)Lackierung führen kann.

Wie meist, so scheint auch hier das Wahre in der Mitte zu liegen: Erstens sollten wir uns tatsächlich stets vor Augen halten, daß wir altes Kinderspielzeug sammeln und dieses eben durch Kinderhände (und das oft noch über mehrere Generationen hinweg!) mehr forschend und spielend verbraucht, als geschont wurde.

Sind deshalb Gebrauchsspuren nicht eher ein Echtheits-Kennzeichen als ein Mangel? Hat ein „zerspieltes" Stück nicht mehr Flair als ein fabrikneuer, gar noch original-verpackter Gegenstand, der bislang irgendwo im Warenregal die Jahrzehnte überdauerte? Wir sammeln Kinderspielzeug und keine Briefmarken oder Gemälde! Nach dieser Standortbestimmung dürfte feststehen, daß Rost entfernt, diese Partie grundiert (Rostschutz), im Lack ausgebessert und total abgeblätterte Handlackierungen erneuert werden müssen. Unterhalb dieser Schadensdefinition sollten kleinere Lackschäden höchstens „ausgetupft" werden, um möglichst viel von der Ursprünglichkeit zu bewahren.

Gerissene Lacke oder abgestoßene Ecken, sowie fehlende Kleinteile sind kein Mangel! Diese Nutzungskennzeichen sind unter Berücksichtigung des ursprünglichen Zwecks unseres Sammelgutes und seines Alters als normal (= Standard-Stück) anzusehen, und daher auch nicht abwertend.

Nach dieser (persönlichen) Standortfindung nun einige Tips zu Restaurierungsarbeiten an Blechspielzeug:

Blecharbeiten

Lackierarbeiten sind oft nicht einfach, aber für ambitionierte Sammel-Anfänger — zumindest bei kleineren Ausbesserungen — relativ rasch erlernbar; Blecharbeiten — soweit sie über einfaches „Geradebiegen" hinausgehen — erfordern hingegen fundierte Kenntnisse des Materials Metall und seiner Bearbeitung, vom Schneiden, Biegen, bis hin zum Löten.

Man sollte sich hier nur langsam Schritt für Schritt, Übung für Übung, vorwagen. Es gibt übrigens heute schon eine ganze Reihe in Sammler-kreisen bekannter Spezialisten, die fehlende Teile maß- und material-gerecht nachbauen und liefern.

Angeboten werden derartige Teile auf Spielzeug-Tauschbörsen (Märk-ten) und am Rande der bekannten Auktionen. Man findet dort heute fast alles was in Kinderhand leicht verloren wurde: Propeller, Räder, Schiffsschrauben, Maste und Rettungsboote und vieles andere.

Übrigens: Beim „einfachen" Geradebiegen sollten Sie beachten, daß nicht unnötigerweise weiterer Lack abplatzt. Die Originallack-Rettungs-aktion ist wirklich einiges Nachdenken wert!

Bei „Chromglanz" an altem Spielzeug handelt es sich im Regelfall um Nickel, denn Chrom gab es damals noch nicht. Im Gegensatz zum metallisch-kaltem Glanz von Chrom, hat Nickel mehr das Aussehen von altem Silber, einem matten Seidenglanz.

Fehlende ehemals vernickelte Teile lassen sich oft einfach aus Messing nachbauen und mit handelsüblichen Versilberungsmitteln (keine Farbe!) auf Nickelglanz bringen. Bei sorgfältiger Arbeit besteht dann kaum ein Unterschied zum Original!

Lötarbeiten bereiten Anfängern meist große Schwierigkeiten und kön-nen auch den Experten vor Probleme stellen, denn durch Hitzeentwick-lung kann der Lack rund um die Lötstelle verbrannt werden. Als Aus-weg bietet sich hier Kleben an. Für kleine, diffizile Teile sind sogenannte Schnellstkleber im Handel; es sind glasklare dünnflüssige Klebstoffe auf Cyanacrylat-Basis.

Größere Teile werden besser mit pastösen Zweikomponenten-Harzkle-bern befestigt, die zusätzlich ein oft erwünschtes spachtelartiges Füllen der Fugen ermöglichen.

Daß alle Klebeflächen vorher sorgfältig entrostet (mit einem Glasfaser-Pinsel) und entfettet werden müssen, wird als allgemein bekannt voraus-gesetzt.

Guß-Teile

Sollten Ihnen kleine Gußteile (früher meist aus einer Zinnlegierung hergestellt) fehlen, so ist das heute kein Beinbruch mehr: Mit einigem Geschick läßt sich jedes Gußteil in Silikon-Gießtechnik originalgetreu nachgießen. Der Haken: Sie brauchen ein Originalteil als Gußmodell. Aber keine Angst, dem Original passiert beim Abformen nichts, nicht einmal der Farbe!

Flüssigen Silikon-Kunststoff zur Form-Herstellung erhalten Sie mit genauer Gebrauchsanweisung in Bastel-Fachgeschäften. Als Gußmaterial empfiehlt sich schnellfließendes Zinn bei Dekor-Teilen oder Lettern-Metall (aus der Setzerei), wenn es sich beim Nachguß um Nutzteile wie Räder handelt.

Lackarbeiten

Die Lackausbesserungen bei lithografierten Stücken stößt auf große Schwierigkeiten, denn der flache fotoartige Druckfilm ist kaum nachzuahmen und dick aufgetragener Reperatur-Lack wirkt, wie ein Fremdkörper. In solchen Fällen empfiehlt es sich, Blankstellen tatsächlich zu belassen oder höchstens mit dünnstem Lack zu betupfen.

Gegenüber diesen lithografierten Stücken gestalten sich Farbarbeiten an „ff. handlackierten" Spielsachen wesentlich einfacher.

Zu bedenken ist aber, daß die damaligen Lacke fast ausschließlich auf Spiritus als Lösungsmittel basierten und sich diese Farben mit Nitro- oder modernen Kunstharzfarben oft nicht vertragen. Also Vorsicht und immer erst an einem ausrangierten Teil die Farbkombination erproben!

Wenn wir ein weiteres Stück für unsere Sammlung glücklich erstanden haben, wird es mit Feinwaschmittel in handwarmem Wasser gründlich mit einem weichen Pinsel und einem Schwamm gereinigt. Nach der Trocknung — wobei unser gutes Stück leicht milchig anlaufen kann (nicht erschrecken!) — wird dieses mit Spiritus rundum besprüht (Vorsicht! Explosionsgefahr): Erstens nimmt der Spiritus-Nebel den Grauschleier wieder vollständig weg, und zweitens gibt es dem alten (Spiritus-)Lack seine Elastizität und damit seinen ursprünglichen Glanz zurück. Das Besprühen muß in einem ausreichend warmen und (luft-) trockenen Raum geschehen, sonst bindet der Spiritus wieder Luftfeuchte und der Grauschleier bleibt. (In einem solchen Fall hilft neues Besprühen des angewärmten Gegenstandes.)

Jetzt steht unser Modell (fast) in seiner ursprünglichen Pracht vor uns. Lackfehler werden nun mit Modellbau-Lacken auf Universalverdünner-Basis ausgebessert.

Eventuell muß vorher eine Grundierung aufgetragen werden, um später mit dem neu aufgetupften Lack die Dicke der rundum befindlichen alten Lackierung zu erreichen; tieferliegende Ausbesserungsstellen verderben den Gesamteindruck!

Im Normalfall sollte man aber die „Neulackierung" nur vornehmen, wenn von der ursprünglichen Lacksubstanz wirklich nicht viel vorhanden ist. Man kann durch Neulackierung ein Sammelstück auch entwerten. Ganzlackierungen lassen sich recht gut mit Autolack-Spraydosen ausführen, die heute in einer fast unendlichen Farbenvielzahl angeboten werden. Voraussetzung für solche Sprayarbeiten ist natürlich die vorherige vollflächige Entfernung des alten Lackes und eine zur Farbtype passende (Universal-)Grundierung.

Ein Tip für Zierlinien:
Mit einiger Übung gelingt das Nachziehen der Zierlinien recht gut mittels einer Reißfeder. Übungsfeld: die Rundungen einer Konservendose!
Viele Hersteller überzogen ihr Spielzeug nach Fertigstellung aller Malarbeiten zum Schutz der feinen Zierlinien mit einem Klarlack in unterschiedlicher Glanzwirkung. Das sollten wir auch tun, dabei aber eher eine etwas mattere Lackeinstellung wählen, als einen „modernen" Hochglanz, der zudem alle Fehler und Unebenheiten spiegelt: Diesem Klarlack kann etwas Gelb beigemischt werden, um einen Alt-Effekt (= Vergilben) zu erzielen.
Unsere Hinweise zur Restaurierung sind selbstverständlich keine Rezepte für „Museums-Restauratoren", sondern mehr als Wegweiser für Anfänger gedacht.
Und nun ans Werk; frisch gewagt ist halb gewonnen!

Sind Nachbauten eine Gefahr für den Sammler?

Speziell auf dem Sektor der Spielzeug-Eisenbahnen mit ihrem breiten Markt werden seit einiger Zeit zunehmend Nachbauten (Replica/Replikate) angeboten, die von den Sammlern mit wachem und teilweise auch mit weinendem Auge beobachtet werden.
Diese Replikate drücken die Preise der Originale bei Eisenbahnen teilweise ganz beträchtlich nach unten, vermutlich beeinflußt von einer bisher unterschätzten Zahl „praktizierender" Tinplate-Freunde, die heute noch mit einer Vorkriegs-Eisenbahnanlage spielen und nicht ihre Schätze betriebslos in Regalen sammeln.
Diesen echten Spielern kommen Replikate wie gerufen, nicht aber dem „reinen" Sammler, der eine Wertminderung seiner Schätze befürchtet, — und mehr noch Verfälschungen, die den Markt verunsichern! Eine Gefahr der Verfälschung ist tatsächlich dort gegeben, wo Nachbauten nicht durch eingeprägte Replikat-Marken dauerhaft gesichert sind, daß clevere Bastler diese auf „antik" trimmen und so versuchen „Geld zu machen", zum Schaden der Sammler!
Diese bei Eisenbahnen heute leider schon große Gefahr besteht bei Schiffen und Flugkörpern bisher kaum und kann auch für die Zukunft

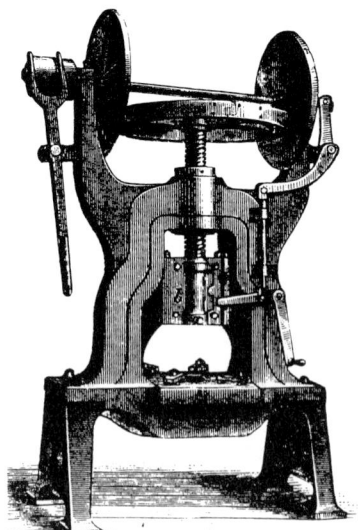

Prägepresse

mit ziemlicher Wahrscheinlichkeit als gering bezeichnet werden, auch wenn in letzter Zeit Gerüchte auftauchen, speziell bei Schiffen.

Einmal handelt es sich hier um einen relativ engen Markt, auf dem keine größeren Stückzahlen eines Replikates abgesetzt werden können, zumal es wohl kaum einen Schiffssammler geben dürfte, der seine Schiffe heute noch schwimmen läßt! Zum anderen sind die Preise bei Flugkörpern ganz im allgemeinen, und bei Schiffen bis zur „50 cm-Klasse" hin, doch noch so preisgünstig, daß sich aufwendige Stanz- und Preßwerkzeuge kaum amortisieren, noch der für Replikate erzielbare Preis einen Gewinn versprechen würde.

Ein Beispiel für diese These:

Vom Sutcliffe-Kriegsschiff „Valiant" aus dem Jahr 1922 brachte der englische Hersteller 1977 eine Neu-Auflage auf den Markt. Die Besonderheit ist hier, daß es sich also nicht um ein Replikat handelt, sondern um eine Wiederauflage mit den alten Original-Stanzwerkzeugen — und doch wurde diese Aktion kein wirtschaftlicher Erfolg! Trotz Nostalgie-Boom kann man heute noch dieses in relativ kleiner Auflage neugebaute Schiff fast zum Preis von 1977 kaufen und der Sammlermarkt wurde in keiner Weise beeinflußt!

Allerdings wurden schon von talentierten Leuten Blechschiffe gefertigt, die etwa den Stil eines bekannten Herstellers imitierten, ohne einen bestimmten Schiffstypen genau treffen zu wollen. Damit kann man aber belesene Sammler nicht täuschen.

Und wie sieht es bei Flugkörpern aus?

Besonders Zeppelin- und Flugkörper-Rümpfe erfordern sehr aufwendige und damit teure Werkzeuge. Hinzu kommt der kaum kopierbare Lithographie-Druck der meisten Flugzeuge. Ein vorzüglicher Schutz vor Nachahmungen!

Es scheint also, daß diese Sektoren des Blechspielzeug-Marktes relativ sicher sind vor Nachbauten, mit Ausnahme der Rumpler Tauben von Märklin, die in den zwanziger Jahren in großer Stückzahl Eisenbahn-Wagen in den Spuren I und 0 bevölkerten und heute für Eisenbahner als Ladegut nachgebaut werden.

Wenn man also zum Markt der Replikate unterschiedlicher Meinung sein kann, so ist die ebenfalls neu entstandene Ersatzteilfertigung nur zu begrüßen: Kaum ein Flugzeug oder Schiff wird heute in seinem unverletzten Original-Zustand auf einem Dachboden gefunden; diese Dinge haben nicht nur technisch-neugierige Kinderhände überstanden, sondern auch einen Bombenangriff und manchmal gar die Flucht aus dem Osten überlebt. Es fehlen Propeller, Leitwerke und Räder oder Schiffsschrauben, Maste, Flaggen und Rettungsboote. All diese Dinge können heute von Spezialisten angefertigt und geliefert werden; sie bessern oft deutlich die Optik und somit den Wert. „Originale" Ruinen bleiben halt auch nur Ruinen...

Kraftziehpresse

Die Hersteller und ihre Produkte

Karl Arnold, Nürnberg
Gebrüder Bing, GBN, Nürnberg
Georges Carette, Nürnberg
DUX, Markes & Co, Lüden-
  scheid
Gebrüder Fleischmann, Nürnberg
GAMA, G. A. Mangold, Nürn-
  berg
S. Günthermann, Nürnberg
Ernst Paul Lehmann (LGB),
  Brandenburg-Nürnberg
Gebrüder Märklin & Cie,
  Göppingen

Müller & Kadeder, Nürnberg
Ernst Plank, Nürnberg
Karl Rosenbaum, Nürnberg
Jean Schoenner, Nürnberg
SCHUCO, Schreyer & Co, Nürn-
  berg
J. G. Spitzbart, Nürnberg
L. Staudt, Nürnberg
Tipp & Co, Nürnberg
L. Uebelacker, Nürnberg
...und noch viele andere Firmen

Karl Arnold, Nürnberg

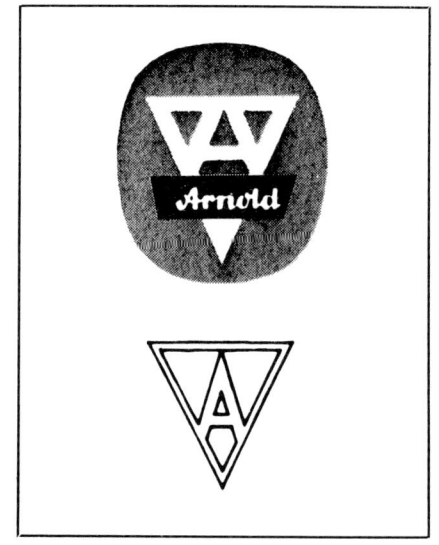

Im Oktober 1906 gründete der damals 41jährige Karl Arnold seine Firma und stellte in gemieteten Räumen Spielzeug her. Neue Ideen halfen ihm weiter, so sein Patent auf pendelnd gelagerte Feuersteine. Die farbig sprühenden Funken gaben den verschiedensten Artikeln ihren Reiz, z.B. einem Walfisch (!), einem Scherenschleifer oder dem Feuerrad, das noch 1972 gefertigt wurde.

Arnold zog 1913 in eigene Räume und die Zahl der Beschäftigten stieg. Im Jahre 1928 hatte der Betrieb 250 Mitarbeiter. Hergestellt wurden Blechpuppen, laufende Figuren, Zeppeline, Unterseeboote, Passagierdampfer und Dampfmaschinen-Antriebsteile.

Neue Betriebsstätten entstanden in Nürnberg an der Blumenthalerstraße 4 und Deutschherrnstraße 47. Im Zweiten Weltkrieg wurde die Firma Arnold durch Bomben schwer getroffen. In Mühlhausen an der Sulz/Oberpfalz wurde ein Zweigbetrieb eingerichtet, der dann auch schon im November 1945 wieder produzierte, — hauptsächlich aber Baubeschläge!

Der Wiederaufbau begann mit dem Vorkriegsprogramm, aber bald kamen Autos und Traktoren mit einer Kabelfernsteuerung hinzu. Die Steuerung war dann die Basis für den fliegenden Hubschrauber, der Mitte der fünfziger Jahre zum Welterfolg wurde.

Karl Arnold starb im Oktober 1946. Sein Schwiegersohn Chr. Max Ernst war bereits 1935 in die Geschäftsleitung eingetreten und wurde 1948 dann alleiniger Geschäftsführer.

Zur Nürnberger Spielwaren-Messe 1960 zeigte Arnold erstmals die elektrische Eisenbahn in Spurweite N, der große Wurf in unserer Zeit!

bis 1902

ca. 1902–1907

ca. 1908–1925

ca. 1925–1932

Gebrüder Bing (GBN), Nürnberg

Ignaz und Adolf Bing gründeten 1866 eine Großhandlung zum Vertrieb von Spielwaren und Haushaltsartikeln. Im Jahre 1879 wurde die Produktion in eigenen Fabrikräumen aufgenommen. Schon 1885 beschäftigten die Gebrüder Bing 500 Mitarbeiter, um vor dem Ersten Weltkrieg mit mehr als 4000 Beschäftigten zum größten Spielzeughersteller der Welt aufzusteigen. 1895 wurde die Firma in eine Aktiengesellschaft umgegründet. Zweigbetriebe, Werksfilialen und Verkaufsbüros gab es im gesamten Deutschen Reich, wichtige Verkaufsniederlassungen in allen Teilen der Welt, denn auch für Bing war das Auslandsgeschäft von größter Bedeutung.

Der Erste Weltkrieg brachte die Umstellung auf kriegswichtige Produkte. Trotzdem wurde Spielzeug bis 1917 produziert und erst dann wegen der Rüstungsproduktion eingestellt.

Ignaz Bing starb 1918 im Alter von 79 Jahren. 1919 wurde die Firma in Bing-Werke AG umbenannt. Innerhalb der Geschäftsbereiche und der Geschäftsleitung erfolgte eine Aufteilung in den frühen zwanziger Jahren für alle Bing-Betriebe im Deutschen Reich. Weitere Produktionsgebiete wurden erschlossen, die mit Spielzeug nichts zu tun hatten. All diese Maßnahmen führten schließlich durch ihre Verzettelung im Jahr 1932 zu wirtschaftlichen Schwierigkeiten und zur Aufgabe der Spielzeugproduktion. Werkzeuge und Maschinen verkaufte man beispielsweise an Karl Bub, Doll und Kraus.

Im Spielzeugbereich gab es wohl keinen Artikel, den Bing nicht gefertigt und angeboten hat. Weltweit konnte keine andere Firma mit einem derartig reichhaltigen Programm konkurrieren. Wenn andere Nürnberger Firmen vielleicht Spielzeugarten und Typen anboten, die für sie „typisch" waren, so hatte Bing einfach alles. Die Bing-Erzeugnisse erfreuten sich im Ausland eines sehr guten Rufes und erzielen dort bessere Sammlerpreise als in Deutschland. In den USA und England übertrifft das Image von Bing oft sogar das der Württemberger Firma Märklin mit ihren Produkten aus jener Zeit.

Handels-, Passagier- und Kriegsschiffe nahmen in allen Größen- und Preisklassen und verschiedenen Qualitätsstufen bei Bing einen wichtigen Raum im Angebot ein. Die großen Schnelldampfer wurden bis zu den dreißiger Jahren angeboten.

Flugzeuge, auch Flugboote findet man im Bing-Programm eher als Zeppeline, was uns bei der Auswahl zu diesem Buch aufgefallen ist.

Bei den Schiffen sind Bings Fährboote bei Sammlern besonders beliebt. Die großen Schnelldampfer findet man auch heute noch oft bei Sammlern, was für einen regen Verkauf dieser schönen Schiffe in den Jahren nach dem Ersten Weltkrieg spricht.

Georges Carette & Co, Nürnberg

Georges Carette, geboren 1861, Sohn eines Pariser Fotografen, kam Anfang der achtziger Jahre nach Nürnberg, wo er im Haus der befreundeten Familie Hopf wie ein Adoptivsohn Aufnahme fand. Bei Bing ging er in die Lehre. In der Spielzeugproduktion sah Carette ein geeignetes Betätigungsfeld. Sein Können und Ideenreichtum fiel den Herren Bing auf. Als Carette sich selbständig machen wollte, war ihnen das nur recht und sie beteiligten sich an seinem Betrieb.

Carette fand auch die Unterstützung von Jean Schoenner, dessen Unternehmen in der Frühzeit auf dem Eisenbahn- und Dampfmaschinensektor viele Modelle für Carette produzierte, bis dieser mit seinen schnell wachsenden Betrieben in und um Nürnberg immer selbständiger wurde. Nach 1890 wurde im Auftrag von Bing Herr Paul Josephstal Mitinhaber und Geschäftsführer.

Carette heiratete eine Tochter der Nürnberger Bierbrauerfamilie Lederer. Die Bekanntschaft mit dieser Familie verdankte er seinem alten Freund Hopf.

Sehr früh fand Carette seinen eigenen und sehr typischen Stil in seinem Dampfspielzeug. Gerade seine Schiffe waren Höhepunkte seines Schaffens und sind heute begehrte Sammlerstücke. Vor allem bei der Personenschiffahrt sieht man wieder die Tendenz der Nürnberger Hersteller zur Zusammenarbeit und Modell-Austausch.

Bei einfacheren Spielsachen ist die enge Zusammenarbeit mit Karl Bub und Issmayer erkennbar.

Carette lieferte über die Nürnberger Verleger ins Ausland, hatte aber auch seine eigenen Händler-Kataloge. Vor dem Ersten Weltkrieg hatte er Kontakte, auch in Zusammenarbeit mit Bing, in alle fremden Länder. Eine enge Freundschaft verband ihn mit Sir Bassett-Lowke bis in die Zeit nach dem Zweiten Weltkrieg. Für Bassett-Lowke baute Carette bis 1914 Eisenbahnen, Schiffe und Dampfmaschinen.

Am 10. Februar 1911 wurde das 25jährige Geschäftsjubiläum gefeiert. Seine Firma hatte zu dieser Zeit 450 Mitarbeiter. Die Industrie- und Handelskammer verlieh ihm den Titel eines Commerzienrats. Von der Stadt Nürnberg wurde er hoch geehrt. Der französische Staatspräsident machte ihn zum Ritter der Ehrenlegion wegen seines Beitrags zum Ansehen Frankreichs im Ausland. Seine Söhne blieben Franzosen und dienten im Ersten Weltkrieg in der französischen Armee als Offiziere.

Als der Erste Weltkrieg ausbrach, mußte Carette mit seiner deutschen Frau über die Schweiz nach Frankreich fliehen, da man ihn als Spion verdächtigte und suchte. Josephstal und die Herren Bing übernahmen nun die Firma ganz. Carette-Inserate fand man noch 1917! Josephstal wurde Hauptmann und kämpfte auf deutscher Seite gegen Frankreich.

Am 1. Oktober 1917 erfolgte die Übernahme der Einrichtungen durch die Firma Bauer GmbH in der Nürnberger Badstraße, die als Tochterunternehmen von Bing extra zu diesem Zweck gegründet wurde. 1930

bis ca. 1905

ca. 1905–1910

ca. 1911–1914

wurde Bauer mit der Firma Leo Prager vereinigt. Acht Jahre später wurde die R. Bauer GmbH von der Firma Martin Fuchs in Nürnberg-Zirndorf gekauft, die dort bis heute Spielzeug produziert. Fuchs ist also der tatsächliche Nachfolger von Carette.

Entgegen der Darstellung in allen bisher publizierten Firmengeschichten über Nürnberger Spielzeughersteller verlief das persönliche Schicksal Carettes keineswegs unglücklich. Er war nach dem Krieg weder ein gebrochener Mann, noch starb er in den zwanziger Jahren. Auch daß er sich zeitweilig in England als Berater von Bassett-Lowke aufgehalten habe, entspricht nicht den Tatsachen.

Vielmehr lebte er mit seiner Ehefrau bis ins hohe Alter südlich von Paris in wirtschaftlich guten Verhältnissen. Seine Frau starb 1940. Carette selbst wurde 93 Jahre alt und starb 1954. Nach Aussagen eines seiner Enkelkinder war er bis zuletzt unermüdlich am Tüfteln und Konstruieren; diese Enkelin besuchte im Juni 1990 eine bekannte Sammlerbörse im Rhein-Main-Gebiet.

DUX, Markes & Co, Lüdenscheid

Carl Markes eröffnete in gemieteten Räumen 1904 eine Werkstatt zur Herstellung von Stanzschnitten zur Blechverarbeitung. Bald kam die Fertigung von Kugelhaltern für Fahrräder hinzu.

Um 1911 wurde das Produktionsprogramm stark ausgeweitet auf Dinge wie Pfeifenreiniger, Hosenklammern und Briefmarkenbefeuchter. Im Kriegsjahr 1915 wurde das erste eigene Fabrikgebäude an der Wiesenstraße bezogen. Ein Jahr später kam der Kontakt zum Spielzeug mit Zulieferaufträgen für den Stabil-Baukasten der Berliner Firma Walther. Carl Markes Schwiegersohn, Dr. Ing. Gustav Böhme, trat 1932 in die Firma ein und verwirklichte bald seine Ideen auf dem Spielwaren-Sektor: Die Auto- und Flugzeug-Baukästen mit den Marken „DUX" und „Schwalbe", sowie das ebenso bekannte DUX-Kino, das dann rund 30 Jahre lang produziert wurde und in neuer Form noch heute im Programm ist.

Zu Kriegsbeginn, 1939, mußte auf Rüstungszulieferung umgestellt werden. Nach dem Krieg kam es erst 1947 zu einem Neubeginn. Carl Markes starb 1948.

Um 1950 begann man mit Kunststoff-Spritzguß, der dem Spielzeug neue Möglichkeiten eröffnete und 1955 schuf man dann den ersten freifliegenden Hubschrauber, den DUX-Condor, der bis heute in mehreren Millionen Stück hergestellt wurde. Dem Sammler sind die DUX-Autobaukästen mit Blech- und Kunststoff-Karosse aus dieser Zeit ein Begriff.

„Markes" für Kugel- und Rollenkäfige, sowie Rollenkugellager, Stanzteile usw., „DUX" für Autobaukästen, Flugspielzeug und Kinder-Kinos, das sind die Fabrikmarken der heute noch erfolgreichen Firma.

Gebrüder Fleischmann

Im Jahre 1887 gründete der Graveur und Modelleur Jean Fleischmann eine Gravieranstalt für Formen in der Martin Behaim-Straße 3 an Nürnberg. Nach einigen Jahren wurde die Fabrikation von magnetischen Schwimmtieren und Schiffen aufgenommen. Im Fabrik-Neubau Bielingstraße 25 führte dann 1899 eine Spezialabteilung Sonderaufträge des „Norddeutschen Lloyd" zum Bau von genauen Modellen großer Überseedampfer aus, die heute noch in vielen Museen ausgestellt sind.
Seit etwa 1892 lieferte Fleischmann Formen und Schiffskörper an die Firma Uebelacker, L. Staudt und ab der Jahrhundertwende an fast alle Nürnberger Spielzeughersteller, die sich mit dem Bau von Spielzeugschiffen befaßten. Schließlich wurden von Fleischmann auch Firmen beliefert, die sich außerhalb Nürnbergs und Franken befanden, zum Beispiel in Württemberg. Nach dem Tode des Gründers führte ab 1917 seine Ehefrau Käthe zusammen mit seinem Bruder Jobst das Unternehmen weiter und übergab es 1940 an ihre Söhne Johann und Emil Fleischmann.
Die Firma Fleischmann hatte 1906 etwa 60 Mitarbeiter und 1938 waren es dann etwa 250 Beschäftigte.
Im Jahre 1928 erfolgte die Übernahme der Firma Leonhardt Staudt, gegründet im Jahre 1867. Staudt-Spielzeug zählte zu dem Feinsten, das je in Nürnberg — oder Deutschland — hergestellt wurde! Er war ein bedeutender Hersteller von Blechschiffen aller Art, vornehmlich mit Uhrwerk-Antrieb.
Die ebenfalls alteingesessene Firma Doll & Co (DC) wurde im Jahre 1938 übernommen. Deren Spezialität war die Produktion von Dampfmaschinen und Betriebsmodellen, sowie Eisenbahnen.
Um 1933/34 fertigte Fleischmann auch das Großflugboot (Flugschiff) Dornier DO X, das heute ein gesuchtes Sammelstück ist.
Nach Beendigung des Krieges 1945 und Teilzerstörung der Fabrikanlagen mußte fast wieder von vorne begonnen werden. Blechschiffe wurden bis 1958 gebaut.
Heute zählt die Firma Gebrüder Fleischmann mit ihren Fabrikations-Anlagen in Nürnberg, Heilbronn und Dinkelsbühl zu den bedeutendsten internationalen Modellbahn-Fabriken.

Vorkriegszeit

Nachkriegszeit

GAMA, Georg Adam Mangold, Fürth

Diese Firma wurde 1882 von Georg A. Mangold in Fürth bei Nürnberg gegründet. Begonnen wurde mit der Herstellung mechanischer Blechtiere. Sein Sohn Hans übernahm die Firmenleitung 1920. Der Vertrieb vor dem Zweiten Weltkrieg erfolgte vornehmlich über die Nürnberger Verleger (Großhändler). Rund 70 % der Produktion ging damals in den Export. Das Firmen-Kürzel GAMA wurde 1939 zum Markenzeichen.

Alle Arten von Fahrzeugen des Verkehrs wurden in den zwanziger und dreißiger Jahren hergestellt. GAMA-Panzer erfreuten sich damals großer Beliebtheit (auch heute bei den Militaria-Sammlern) und wurden mit veränderten Farben und Hoheitszeichen auch nach dem Zweiten Weltkrieg weitergefertigt.

Uns interessieren für dieses Buch speziell die (fast) modellgetreuen Verkehrsflugzeuge von GAMA aus den fünfziger und sechziger Jahren. Heute gehört zum Mangold-Bereich auch die bekannte Spielwarenfabrik TRIX in Nürnberg — und die Firma SCHUCO.

S. Günthermann, Nürnberg

Gegründet wurde die Firma S. Günthermann 1877 als Metallspielwarenfabrik. Der Gründer war Flaschnermeister und begann als solcher bei der Blechspielwarenfabrik Leonhard Staudt. 1877 mietete er an der Hirschelgasse der Nürnberger Altstadt eine kleine Werkstatt und begann in Handfertigung kleine Jockeyreiter, Puppenbadewannen und dazugehörige komplette Badezimmereinrichtungen herzustellen.

1878 geschah die Übersiedlung in andere gemietete Räume an der Tetzelgasse und die Aufstellung der ersten Pressen, Stanzen und einer Tafelschere. Damit begann die Fertigung von Fahrspielzeugen mit Spiralfederaufzug, deren Uhrwerk später im Werk selbst hergestellt wurde. 1890 starb der Gründer, als sein Sohn Leonhard, der spätere Inhaber, ein Jahr alt war. In der Folgezeit war der betriebliche Aufschwung so groß, daß 1901 mit 250 Mitarbeitern die neu erbaute Fabrik an der Äußeren-Cramer-Klett-Straße bezogen wurde. Bis 1914 gingen rund 65 % der gesamten Produktion nach Amerika. Einer der größten inländischen Abnehmer war die Nürnberger Spielwaren-Großhandelsfirma Kohnstamm, die auch den englischen Markt beschickte.

1911 ging der ältere der beiden Brüder nach Amerika und zog dort ab 1926 eine eigene Produktion auf. Dadurch ging der Export des Nürnberger Werkes nach USA zurück und blieb bis 1939 bei etwa 1/3 der gesamten Fertigung. Ab 1936 wurden auch andere Metallwaren produziert, die mit Spielzeug nichts zu tun hatten. Während des Zweiten Weltkrieges wurden die Anlagen dreimal zerstört: 1942, 1944 und 1945, jedoch immer wieder aufgebaut, letztmalig 1951.

Für unser vorliegendes Buch ist die typenreiche Flugzeugproduktion nach dem Ersten Weltkrieg bis in die späten dreißiger Jahre hervorzuheben. In guter Qualität baute Günthermann in größeren Serien Flugzeuge nach Dornier- und Junkers-Vorbild.

Eindecker, Doppeldecker, auch zwei- und dreimotorige Verkehrsflugzeuge und den sich beim Ausrollen auf dem Boden überschlagenden Sturzflieger Nr. 600. Ein Spielzeug, das wegen seiner drolligen Bewegungen bei Kindern sehr beliebt war und viel gekauft wurde.

Günthermann baute auch sehr schöne Schwimmerflugzeuge und Flug-

boote, hatte aber sonst mit Marine und Schiffahrt wenig im Sinn. Schiffe
aus seiner Produktion sind uns nicht bekannt.

1965 gab der damals 75jährige Leonhard Günthermann auf, veranlaßt
durch bauliche Auflagen der Stadtverwaltung und durch das eigene
Alter, aber auch, weil die Frage der Nachfolge der betrieblichen Leitung
nicht befriedigend gelöst werden konnte. Der Betrieb ging in die Hände
der Firma Siemens über.

Ernst Paul Lehmann, Brandenburg — Nürnberg

Der Erfinder Ernst Paul Lehmann begann 1881 in Brandenburg a. H.
neben Dosen und Behältern für Anilinfarben Spielwaren herzustellen.
Die ersten erfolgreichen Lehmann-Spielzeuge besaßen ein Schwungrad
aus Blei und wurden mit einer Schnur aufgezogen. Das Sortiment wurde
stetig ausgebaut und schließlich etwa 95 % davon in alle Erdteile expor-
tiert, wie z. B. der Kletteraffe TOM, der störrische Esel, der Dienst-
mann ADAM oder der tanzende Matrose. Zu Beginn des Jahrhunderts
wurden außerdem Spezialitäten für bestimmte Länder hergestellt, wie
das „Hansom Cab", das Londoner Taxi für Englands Kinder. Auch
Asien wurde nicht vergessen, wie die Katalogbilder zeigen. Bekannt und
von Liebhabern gesucht sind die Lehmann-Luftschiffe EPL-I und II.
1913 baute Lehmann die erste Einschienenbahn, 1921 ein Amphibien-
auto.

Durch den Ersten Weltkrieg war zunächst das deutsche Monopol in
Spielwaren auf dem Weltmarkt gebrochen. Wie die anderen deutschen
Hersteller hat auch Lehmann unter den mangelnden Exportaufträgen
gelitten.

Kommerzienrat Lehmann erkrankte schwer und mußte sich immer mehr
vom Geschäft zurückziehen. Er nahm seinen jüngeren Vetter Johannes
Richter als Mitinhaber auf. Richter hatte reiche Auslandserfahrung.
Unermüdliche Anstrengungen und entsprechende Verkaufserfolge im
In- und Ausland brachten das Unternehmen zu neuer Blüte. Bei bald
800 Beschäftigten waren das Betriebsklima und die sozialen Verhältnisse
bei Lehmann als mustergültig bekannt.

Der Firmengründer starb 1934.

Mitte der dreißiger Jahre stellte man sich um auf die Produktion von
Kleinspielzeug der Ikarus und Gnom Serien. Von 1939—1945 wurden
diese sogenannten Kriegsexporte in neutrale Länder verkauft im Aus-
tausch gegen wichtige Waren von dort.

Nach Einmarsch der Roten Armee wurde in Brandenburg die Produktion alsbald mit der Herstellung einer russischen Rechenmaschine aufgenommen. Als die Belegschaft 100 Personen betrug, der Wiederaufbau
gerade geschafft war und trotz Schwierigkeiten in der Materialbeschaf-
fung auch Spielzeug hergestellt wurde, enteignete man Johannes Richter
entschädigungslos. Nach erfolglosen Bemühungen gegen diese Gewalt-

um 1900

bis ca. 1929
(mit Varianten)

ca. 1930–1954
(mit Varianten)

MÄRKLIN

ca. 1930–1954
(mit Varianten bis heute)

verfügung floh Richter mit Familie 1950 in den Westen. In Brandenburg lief sein Werk unter der Bezeichnung „Volkseigener Betrieb Mechanische Spielwaren" weiter.

Auf einem Nürnberger Hinterhof lief die Produktion unter Leitung des 71jährigen Johannes Richter 1951 in kleinem Umfang wieder an. Er hatte nun die Unterstützung seiner Söhne Eberhard und Wolfgang. Ein schneller Aufstieg folgte.

Johannes Richter starb 1956 und seine Söhne übernahmen die Geschäftsleitung. Sie hatten auch neue Ideen. Die Freunde von Bahnen großer Spurweiten wurden überrascht mit dem Erscheinen der LGB-Gartenbahn im Jahr 1968, die eine echte Marktlücke füllte und Lehmann zu neuen Geschäftserfolgen führte.

Gebrüder Märklin & Cie GmbH, Göppingen

Der Geschichte dieser Firma möchten wir wegen ihrer Bedeutung am Sammlermarkt mehr Raum widmen:

Theodor Friedrich Wilhelm Märklin, geboren am 2. April 1817, blickte auf eine harte Jugend im Waisenhaus zurück, als er 1840 in Göppingen ansässig wurde. Erst 1856 erhielt er das Bürgerrecht und erwarb kurze Zeit später das Meisterrecht als Flaschner. Mit 27 Jahren heiratete er Rosine Geiger, die nach 13 glücklichen Ehejahren starb. Aus dieser Ehe gingen zwei Töchter hervor. 1859 heiratete Märklin Caroline Hettich aus Ludwigsburg, wohl der wichtigste Schritt in seinem Leben. Denn Ehefrau Caroline wurde später zum Motor des Unternehmens und ihrer Zähigkeit ist es ganz sicher zu verdanken, wenn die Firma Märklin allen Schicksalsschlägen zum Trotz heute noch besteht.

Die Firma nennt 1859 als ihr Gründungsjahr, was aber durch neuere Recherchen widerlegt wurde. Märklin ist sicher einige Jahre früher gegründet worden, was Inserate in Göppinger Tageszeitungen beweisen. Während Märklin mit einem Gesellen Spielzeug herstellte, zog seine Frau, wohl als erste Reisende jener Zeit, durch Süddeutschland und die Schweiz, bot in Geschäften und auf Bauernhöfen die Erzeugnisse ihres Mannes zum Verkauf an. Dabei hatte sie mit seinen Qualitätswaren guten Erfolg.

Leider starb der Firmengründer nach einem Betriebsunfall schon am 20. Dezember 1866. Kurz zuvor hatten die fleißigen Eheleute das Haus an der Grabenstraße 56 erworben. Bei seinem Tod war Märklin erst 49 Jahre alt! Aus der zweiten Ehe stammen die Söhne Wilhelm, Eugen und Karl. Mutter Caroline wollte den Söhnen das Geschäft auf alle Fälle erhalten; allerdings mußte die Firma nach Märklins Tod wenige Jahre geruht haben. Die Söhne waren zu jung, um der Mutter schon zu helfen.

Caroline heiratete zwei Jahre später einen Flaschnermeister; ihr Mann war jedoch nicht in der Lage, das Geschäft fortzuführen. Der 1861 geborene Sohn Eugen zeigte aber schon in jungen Jahren die Initiative seines Vaters und versuchte die Aufträge, die seine Mutter von der Reise brachte, mit angestelltem Personal auszuführen. Im Jahr 1888 gründeten die Söhne Eugen und Karl eine Offene Handelsgesellschaft. Neben Spielwaren für die Weihnachtszeit stellten sie vornehmlich Haushaltswaren her. Die laufende Geldknappheit setzte dem Unternehmen zwar zu, aber die Söhne waren zäh und voll weitblickender Ideen.

Im schwäbischen Ellwangen fertigte Ludwig Lutz hervorragendes Spielzeug, das sich in Norddeutschland und im westlichen Ausland bestem Zuspruch erfreute. Eugen Märklin nannte die Lutzschen Erzeugnisse „das schönste in feinlackierten Metallspielwaren". Lutz belieferte den Großhandel und die Firmen Märklin und Bing. Da Märklin weithin Schwierigkeiten hatte, die eigene Produktion voranzutreiben, übernahmen die beiden Brüder im Frühsommer 1891 den Alleinvertrieb der Lutzschen Produkte, ein in dieser schweren Zeit für sie einzigartiger Entschluß.

Der Erfolg war so groß, daß man trotz der immer noch angespannten Finanzlage die Firma Lutz kaufen wollte. Ludwig Lutz hatte für die Nöte der Herren Märklin Verständnis und gewährte den Brüdern, deren Umsicht und Tatkraft er zu würdigen wußte, nicht nur eine Stundung des Kaufpreises, sondern noch einen weiteren Kredit. Allerdings machte er zur Auflage, daß sich die Brüder Märklin in absehbarer Zeit einen finanzstarken Partner suchen sollten.

Dies gelang mit Emil Friz aus Plochingen, der am 1. Januar 1882 als Gesellschafter in die Firma eintrat.

1895 wurde die Firma an die Marktstraße 21 verlegt und schon fünf Jahre später in den Neubau Stuttgarter Straße. Seit 1892 war sie mit ihren beliebten Erzeugnissen schnell gewachsen und international bekannt geworden. Ein Teil der Lutzschen Fachkräfte war 1891 nach Göppingen umgesiedelt.

1907 brachte ein weiterer Gesellschafter, Richard Safft, dringend notwendiges Kapital ein und nahm sich besonders des Auslandsgeschäftes an.

1911 wurde der Betrieb durch einen weiteren Neubau ergänzt und im Jahr 1914 beschäftigte Märklin bereits 600 Fachkräfte. Während des Ersten Weltkrieges mußte Märklin Rüstungsaufträge ausführen. Die ersten Nachkriegsjahre und die Inflation hat Märklin verhältnismäßig gut überstanden.

1922 starb Emil Friz mit 65 Jahren, dessen unermüdliche Arbeit seine Mitgesellschafter mit größter Dankbarkeit anerkannten. Nach seinem Tode wurde die OHG in eine GmbH umgewandelt. Emil Friz, seit seinem Eintreten in die Firma für die Modellpflege und den technischen Produktionsausbau mitverantwortlich, hatte sich kein geringeres Ziel gesetzt, als Märklin zum größten international anerkannten Spielzeughersteller zu machen. Märklin erstellte erst seit 1891 in Zusammenarbeit mit Lutz ein umfangreiches Programm, das über die Herstellung von Haushaltsgeräten und Möbeln für Puppenstuben hinausging: Eisenbahnen, Schiffe, Pferdekutschen und andere Fahrzeuge, Burgen und natürlich alles für die Puppenstube in Blech. Um die Jahrhundertwende kamen dann Dampfmaschinen und Betriebsmodelle, etwas später Kraftwagen und Flugapparate hinzu. Was in der großen Wirklichkeit neu war, wurde sofort als Spielzeug nachgebaut!

1920 nahm man auch den eigenen Metallbaukasten ins Programm, der auf der Basis des vorher vertriebenen Meccano-Baukastens weiterentwickelt wurde. Die Einführung der sogenannten „D-Kataloge" für das Publikum und die spielenden Kinder um 1924, bedeuteten einen wichtigen Schritt zur Verkaufsförderung. Endlich war über den Spielzeughandel ein preiswerter Katalog mit dem Gesamtprogramm erhältlich! Zuvor bestimmte der Geschmack und der mehr oder weniger vorausschauende Weitblick des Händlers das Angebot an Modellen im Ladengeschäft, das nach den großen „Händlerkatalogen" zusammengestellt und beim Hersteller — ob bei Märklin oder in Nürnberg — bestellt wurde. Jetzt hatte das spielende Kind und der spielende Vater das Wort und der Händler bestellte, was die Käufer wünschten. Als Wunschzettel für Weihnachtsgeschenke erhielt der Händler Vordrucke, die an den Weihnachtsmann gerichtet waren und den Katalogen beigelegt wurden. Die Eltern mußten sich also keine Gedanken mehr machen, was sie ihren Kindern schenken sollten; die Wünsche waren angemeldet! Diese in der Branche neue Werbung machte sich bezahlt!

1928 zählte Märklin schon 900 Mitarbeiter! Dabei hatte man den Auslandsvertrieb nicht vergessen, dessen Geschäft nach dem Ersten Weltkrieg sehr zäh lief. Immerhin hatte Deutschland den Krieg verloren! Deutsche Erzeugnisse waren aus politischen Gründen einer gewissen Gegenpropaganda aus Händler- und Herstellerkreisen bei den Siegermächten ausgesetzt. Die Schwierigkeiten kannten auch die Nürnberger Anbieter.

Aber die internationalen Händler und Exporteure setzten sich schließlich durch. Kinder in aller Welt wollten nicht auf ihr Spielzeug verzichten und auch der weltweite Handel wollte seine Geschäfte wieder aufleben lassen. Märklin förderte seine Auslandsfilialen und Agenten, bediente sich aber auch der Nürnberger Exporteure für seinen Auslandsvertrieb und suchte Anschluß an die bekannte englische Firma Basset-Lowke. Hier wollte man keinesfalls das Feld alleine den Nürnbergern, voran Bing überlassen, nachdem der in Nürnberg früher produzierende Franzose Carette ja aus dem Kreis der Anbieter ausgeschieden und ein Opfer des Krieges geworden war. Aber das Märklin-Geschäft mit Basset-Lowke erreichte nie den Umfang der Firma Bing.

Andererseits erkannten auch die Nürnberger Firmen Märklins Erfolge mit den Publikumskatalogen und brachten kurze Zeit später — voran Bing, Kraus und Plank — ähnliche Kataloge in den Spielzeughandel.

Weltweit gewann das Märklin-Spielzeug mehr an Beliebtheit. Die „D"-Kataloge wurden in den wichtigsten Sprachen angeboten. Wieder kam eine Unterbrechung durch den Krieg. Doch ging es 1945 schnell aufwärts.

Die Tradition von Lutz im Bau hochwertiger und außergewöhnlich schöner Schiffe wurde von Märklin gebührend fortgesetzt und in Perfektion und Typenreichtum stark erweitert. Die Märklin-Schiffe, vom Flußdampfer über Ozean-Liner, U-Boot, Torpedoboot bis zum Linienschiff, prägen deshalb stark den Inhalt dieses Buches.

Schiffe und Flugzeuge wurden von Märklin über Jahrzehnte seit ihrem Erscheinen beim Vorbild stark als Spielzeug beachtet. All diese Märklin-Erzeugnisse sind heute von außerordentlich hohem Wert und sehr beliebt.

Nach dem Zweiten Weltkrieg wurden von Märklin weder Schiffe noch Flugzeuge angeboten.

Müller & Kadeder, Nürnberg

Diese Firma ist uns aus der Zeit von 1900 bis 1916 in Nürnberg bekannt. Die uns vorliegende letzte Eintragung im Nürnberger Firmenregister stammt aus dem Kriegsjahr 1916. Die Firma Müller & Kadeder fertigte in guter Qualität farbige Blech-Ballons, Fesselballons, Luftschiffe und Karusselle mit kreisenden Luftschiffen und Ballons.

Gesuchtestes Stück ist heute wohl der Eiffelturm mit einem Luftschiff samt Gondel und Besatzung, das um den Turm kreist.

Ernst Plank, Nürnberg

Mit nur 22 Jahren wurde Ernst Plank Flaschnermeister und begann 1866 mit der Herstellung von Spielzeug und optischen Geräten. Modell-Dampfmaschinen kamen schon 1867 hinzu. Seine Laternae Magicae erreichten Weltruf. Dynamos, Kraftmaschinen, Heißluftmotoren, aber auch elektrophysikalische Unterhaltungs- und Lehrmittel gehörten zu seinem Programm.

Um die Jahrhundertwende produzierte Plank mit 130 Mitarbeitern jährlich rund 150 000 Laternae Magicae und 80 000 Dampfmaschinen. In dieser Zeit begann Plank sein Schiffsprogramm auszubauen. Er produzierte alle Schiffstypen in vielen Baugrößen, die vom großen Vorbild jener Zeit bekannt waren. Vom Flußkanonenboot, Linienschiff und Panzerkreuzer, bis zu den Passagierschiffen aller Typen und Preisklassen.

Eine Zusammenarbeit mit Falk und Fleischmann erscheint uns sicher, zumal vor dem Ersten Weltkrieg die Firma Fleischmann für andere Hersteller die Schiffsrümpfe fertigte. Viele Schiffe wurden baugleich von allen drei genannten Herstellern angeboten. Die Plank-Schiffe wurden bis in die zwanziger Jahre mit Uhrwerk und/oder Dampfantrieb gebaut.

Um 1930 geriet die Firma in Zahlungsschwierigkeiten und wurde von den Gebrüdern Schaller übernommen. Man konzentrierte sich dann auf

die Produktion von Kino- und Heimfilm-Projektoren mit dem Markenzeichen „NORIS". Die Spielzeugproduktion lief langsam aus. Die Firma NORIS wurde 1980 liquidiert.

Karl Rosenbaum, Nürnberg

Die Firma Rosenbaum ist heute vornehmlich bekannt für ihre Uhrwerkschiffe aus der Zeit vor dem Ersten Weltkrieg. Der Vertrieb erfolgte über Nürnberger Verleger; darauf hat Rosenbaum selbst in Zeitungsanzeigen hingewiesen.
Für uns ist ein Panzerkreuzer bisher das einzige Schiff, das wir Rosenbaum ohne Einschränkung zuschreiben können. Wir zeigen es in diesem Buch; eine zeitgenössische Abbildung davon fanden wir auch in einer Zeitungsanzeige Rosenbaums.
Der Betrieb bestand noch 1925 an der Moststraße 2 und wurde vor 1930 von der Spielwarenfirma Moschkowitz übernommen. Dort war Herr Rosenbaum noch lange Geschäftsführer.

Jean Schoenner, Nürnberg

Schoenner gründete seine Fabrik 1875, nachdem er seine Lehrzeit bei Sigmund Schuckert abgeschlossen und als Feinmechaniker im In- und Ausland Erfahrungen gesammelt hatte. Er begann mit vier Mitarbeitern, beschäftigte aber um die Jahrhundertwende bereits 250 Personen. Seine ersten Produkte stellten Zauberlaternen dar, bald gefolgt von Dampfmaschinen. Im April 1892 wurde die 300 000. Dampfmaschine gebaut.
Schoenner war sehr auf den Export nach England, Frankreich und den USA ausgerichtet.
In einer großen eigenen Abteilung für Glasmalerei wurden die Bilder für die Wunderkameras und Laternae Magicae entworfen und gefertigt. Schoenner baute die schönsten Dampfschiffe. Uhrwerkbahnen und -schiffe wurden ebenfalls gefertigt, jedoch hatte der Dampfbetrieb eindeutig Vorrang. Schoenner gab eigene Kataloge heraus, lieferte aber auch über die bekannten Nürnberg-Fürther-Verleger. Diese verkaufsstarken Verleger konnte übrigens kein Hersteller übergehen, selbst Märklin nicht, wollte er am Weltmarkt seinen Marktanteil halten. Ständige Musterlager und Vertretungen hatte Schoenner in Berlin, Hamburg, London und New York, Mailand, Barcelona und Konstantinopel!
Für den Schiffsbau, ob es sich nun um Passagierschiffe oder alle Schiffstypen der ehemaligen Kaiserlichen Marine handelte, hat Schoenner Vorbildliches geleistet. Seine großen Schiffe haben deshalb einen hohen Marktwert.
Schoenner nahm im Jahre 1881 den Kaufmann Adolf Dihlmann als

Teilhaber auf. Um 1910 wurde die Firma in eine GmbH umgewandelt. Firmensitz und Produktionen waren in Nürnberg-Gostenhof, Dammstraße 5—7, wo nach einem Großbrand 1891 das Werk an gleicher Stelle neu aufgebaut wurde.

Das Ende der Firma kam um 1912 recht plötzlich. Der Tod von Jean Schoenner hinterließ für seine Firma eine nicht zu füllende Lücke, die zum schnellen wirtschaftlichen Ende führte.

SCHUCO-Spielwarenwerke, vormals Schreyer & Co, Nürnberg

Die Firma wurde 1912 durch den Werkzeugmacher Heinrich Müller gegründet. Mitbegründer und Teilhaber für kurze Zeit war Herr Schreyer. Der Name SCHUCO entstand aus der Abkürzung des Firmennamens Schreyer u. Co. Herr Heinrich Müller verstarb 1958.

Das Unternehmen wurde nach 1958 von seinem Sohn, Herrn Werner Müller und Herrn Alexander Girz geführt. Produziert wurden cirka 2000 Artikel mechanisches und elektrisches Spielzeug. Vertrieben wurde außerdem das HEGI-Plüschtierprogramm und HEGI-Modellbauprogramm. Die nachgenannten Firmen sind Eigentum von Herta und Alexander Girz unter dem Firmennamen Herta Girz & Co.

Marksteine des SCHUCO-Programms waren und sind:

Der pickende Vogel, das nicht vom Tisch fallende Auto, Autos aller Art mit vielen Funktionen, Varianto-Verkehrsspiele, große modellgetreue Verkehrsflugzeuge, das große Programm deutscher Modellautotypen im Maßstab 1:66 und 1:43 und in den letzten Jahren mechanische Spielzeug-Rennwagen aus aller Welt.

SCHUCO hat lange an der Produktion soliden Blechspielzeugs festgehalten. Mit der Firma HEGI zusammen wurden 1974 cirka 900 Arbeiter und Angestellte beschäftigt. Etwa die Hälfte der Produktion ging in den Export. 1976 kam die Firma SCHUCO zum britischen DCM-Konzern, Firmensitz war Aschaffenburg. Ab 1980 gehört SCHUCO zur Firmengruppe Georg Adam Mangold (GAMA).

Johann Georg Spitzbart, Nürnberg

Johann Georg Spitzbart, geboren 1814, gehört zu den ersten großen Namen der in Nürnberg aufkommenden Blechspielzeug-Manufakturen. Seine Meisterprüfung legte er 1846 ab und erhielt noch im gleichen Jahr eine Firmen-Konzession. Der Betrieb bestand an der Mohrengasse 14. Bei Spitzbart lernten viele später bekanntgewordene Flaschner und Spielzeughersteller.

Er gehörte zu den ersten großen Herstellern von Dampfschiffen mit Uhrwerkantrieb, Fregatten und anderen großen Segelschiffen, Flußdampfern und Barken, auch magnetischen Schwimmfiguren. Dinge, die später bei Hess, Schoenner, Fleischmann und Plank zu einer Nürnberger Spezialität wurden, denn Schwimmtiere (siehe Verlegerkataloge von Ullmann und Engelmann) waren in fast allen Nürnberger Angeboten. Spitzbarts Name wurde besonders hervorgehoben auf der Deutschen Industrie-Ausstellung 1854 in München. Die letzte Eintragung seiner Firma haben wir für das Jahr 1870 gefunden.

Leonhard Staudt, Nürnberg

Die Firma Leonhard Staudt, Blechspielwarenfabrik, wurde 1867 gegründet. Staudt ging bei Georg Eichner, einem großen Namen in der Frühzeit der Nürnberger Spielwarenfabrikation, in die Lehre. Landschaftsdarstellungen, Karusselle, Blechfiguren und Pferdefuhrwerke gehörten zu seinem frühen Programm, in einer Qualität und Schönheit, die man bis zu seiner „Wiederentdeckung", ausgehend in den USA, nur Lutz und Rock & Graner zugesprochen hatte. Ein ganz wesentliches Produktionsgebiet von Staudt war eine Vielfalt von Schiffsmodellen in allen Größen, aber immer in hohem Qualitäts-Standard.
Eine enge Zusammenarbeit mit Carette, Rosenbaum, Fleischmann und anderen Nürnberger Firmen auf dem Gebiet der Seefahrt wird von uns angenommen, wegen der Baugleichheit vieler Modelle.
Sohn Heinrich Staudt wurde 1871 geboren und soll schon mit 16 Jahren als aktiver Teilhaber in das Geschäft eingetreten sein. Firmensitz und Fabrikation waren ab etwa 1900 bis zum Verkauf an die Gebrüder Fleischmann, deren Schiffsbau-Programm schon immer eine Zusammenarbeit vermuten ließ, an der Burgstraße 24. Die Übernahme durch Fleischmann erfolgte 1928. Der damals 57 Jahre alte Heinrich Staudt soll keine Nachfolger gehabt haben. Vor dem Ersten Weltkrieg belieferte Staudt unter anderem die Firma Keim & Co mit den berühmten Musik-Clowns.
Bis 1928 wurden an der Burgstraße 50 bis 60 Mitarbeiter beschäftigt. Schiffe und Flugzeuge waren bis zuletzt im Staudt-Programm.

Tipp & Co, Nürnberg

Tipp & Co wurde 1912 gegründet. Noch im gleichen Jahr nahm Herr Carstens anstelle von Frl. Tipp, Herrn Philipp Ullmann als Teilhaber in die Firma auf. 1919 schied dann Herr Carstens aus und Herr Philipp Ullmann wurde Alleininhaber von Tipp & Co.
Die Produktion fand bis 1926 an der Wurzelbauerstraße 20 statt, Ende 1926 wurde sie an die Badstraße 1—5 verlegt. Aus politischen Gründen mußte Herr Ullmann 1933 nach England auswandern, wo er die „Mettoy" Spielwarenfabrik gründete, die heute als Aktiengesellschaft (Ltd.) geführt wird.

Nach der Auswanderung von Herrn Ullmann wurde die Firma zugunsten des Deutschen Reiches eingezogen. Als Treuhänder für das Deutsche Reich wurde ein Rechtsanwalt eingesetzt, der mit der Geschäftsführung einen früheren Direktor der Bing-Werke betraute. Dieser hat das Unternehmen bis 1945 geleitet.

Die Firma hatte 1938 ca. 400 Beschäftigte und produzierte Spielwaren bis ca. 1942, bis sie sich dann auf Rüstungsaufgaben umstellen mußte.

Für unser Buch ist die Produktion von vielen verschiedenen Flugzeugtypen in großen Serien bei guter Qualität von Bedeutung, die Ende der 20er Jahre begann und bis zu Kriegsbeginn 1939 fortgesetzt wurde.

Die Tipp-Modelle lehnten sich an die großen Vorbilder von Henschel, Heinkel und Fieseler an.

1946 wurde von der Militärregierung ein Treuhänder eingesetzt. Im Oktober 1948 wurde Tipp & Co im Rückstattungsverfahren wieder an Herrn Ullmann zurückgegeben. Unter ihm wurde die Produktion von Spielwaren wegen der Totalschäden an den Betriebsgebäuden im begrenzten Umfang wieder aufgenommen und der Wiederaufbau in die Wege geleitet. Seit 1950 wurde die Firma als Kommanditgesellschaft bis zum 31. Dezember 1971 geführt. Zu diesem Zeitpunkt ist die Herstellung von Spielwaren eingestellt worden.

Nachfolgegesellschaft ist die Firma NORIS Spielwaren GmbH & Co. Großhandels KG, eine Vertriebsgesellschaft ausländischer Spielwaren auf der Grundlage des Alleinvertriebes in der Bundesrepublik Deutschland.

Leonhard Uebelacker, Nürnberg

Diese Firma wurde ab 1868 im Gewerbekataster geführt, eingetragen als Blechlackierwaren-Fabrik. Im Jahr 1871 wurden 25 Mitarbeiter beschäftigt. Später wurde die Firma Uebelacker ausdrücklich in „Schwimmspielwarenfabrik" umbenannt.

Von Anfang an gehörten zum Programm Schwimmtiere, Handels- und Passagierschiffe, sowie viele Schiffstypen der Seemächte.

Der Exportanteil war groß. Um 1925 befand sich die Firma Uebelacker an der Unteren Fallgasse 5.

Dem Schiffsbau blieb die Firma bis nach 1930 treu; damals wurden auch noch U-Boote gefertigt.

Als Hersteller von Blechspielwaren wird 1934 Christian Uebelacker genannt. Wir konnten bisher noch nicht ermitteln, ob dies ein Nachkomme von Leonhard Uebelacker ist.

Uebelacker-Schiffe sind, so man sie findet und zweifelsfrei zuschreiben kann, sehr gesuchte Sammlerstücke.

...und noch viele andere Firmen

Bei unseren Arbeiten zu diesem Buch sichteten wir auch alte Fachzeitschriften für Spielwarenhändler. Dabei fanden wir Anzeigen von uns bisher mehr oder weniger unbekannten Herstellern. Aber auch klangvolle Namen aus anderen Spielzeug-Sparten, deren Fertigung von Flugzeugen und Schiffen uns bisher nicht bekannt war!
Wir haben nur die Firmen erwähnt, deren Fertigung durch Abbildungen belegt ist. Diese Liste ist nicht vollständig. Die Jahreszahl nennt das Jahr der Anzeige.

Josef Bischoff, Nürnberg (Flugzeuge, 1920)
Carl Bochmann CABO, Dresden (Zeppeline, Flugzeuge, 1930)
Johann Distler, Nürnberg (Flugzeuge, 1925)
Einfalt & Kotschenreuther, Nürnberg (Wasserflugzeuge, Zeppeline 1930)
Hammer & Kühlwein, Fürth (Flugzeuge 1930)
Hellmich & Schulte, Hamburg (Boote 1930)
Carl Hessemer, Nürnberg (Flugboote, Rennboote, 1920)
...Hörndlein, Nürnberg (Schiffe, U-Boote, 1939)
Keim & Co, Nürnberg (Flugzeuge, 1930)
KIBRI Kindler & Briel, Böblingen (U9-U-Boot 1916, Hausboot und Zeppeline 1930, Schiff mit Flettner-Rotor!)
ORO-Werke, Reil, Blechschmidt und Müller, Brandenburg (Zeppeline, Flugzeuge, Schiffe 1930)

Die Fachsprache der Blechspielzeug-Sammler

Das Wort „Blechspielzeug" stellt einen Oberbegriff dar, der ein riesiges Sammelgebiet abdecken muß. Darunter versteht man: Autos, Bildwerfer (Laterna magica) und Kinomatographen, Dampfmaschinen mit ihrem typischen Zubehör, Eisenbahnen mit allen Ausstattungsteilen, Flugkörper (Flugzeuge, Zeppeline und auch Ballons aus Blech), mechanische Figuren (Novelties), Militärspielzeug (speziell die Fahrzeuge), Schiffe, aber auch Puppenherde und Puppenmöbel aus Blech — und noch vieles mehr.

Die große Zunft der Blechspielzeug-Sammler verwendet im Tauschverkehr und in Publikationen eine Vielzahl von Fachbegriffen und Kürzeln, die natürlich auch Eingang in die Objektbeschreibungen bei Auktionen gefunden haben.

Diese Begriffe sind meist zeitgenössisch mit dem Sammelgut und somit in der heutigen Umgangssprache oft nicht mehr enthalten. Freunde anderer Sammelgebiete können daher mit dieser Fachsprache oft nur wenig anfangen. Deshalb sollen nachstehend die häufigsten gebrauchten Begriffe erläutert werden. Diese Zusammenstellung erhebt natürlich keinen Anspruch auf Vollständigkeit.

Bodenläufer

Eisenbahnen, Flugkörper, Schiffe usw. (mit und ohne Antrieb) die sich nicht auf Schienen oder in ihrem Element (Luft und Wasser) bewegen, sondern auf dem Fußboden laufen bzw. gezogen werden.

Friktionsantrieb

Auch Schwungrad- oder Reibrad-Antrieb genannt. Ein Fahrzeug wird auf dem Tisch oder Boden in kurzem Rhythmus hin und her bewegt. Ein Schwung- und Reibrad zieht so das Federwerk auf oder die Schwungmasse treibt die Räder an.

Handlackierung

Frühe Stücke sind meist handlackiert, was auch gespritzt bedeuten kann. Die Dekors sind dann ebenfalls freihändig oder mittels Schablonen aufgebracht. Beschriftungen sind meist gestempelt. Farbbasis ist fast immer Spiritus. Vorsicht vor unsachgemäßer Behandlung!

Kompositionsguß

Mischungsbezeichnung für Zinn/Blei-Legierung.

Lifesteam

Wirklicher Dampfantrieb.

Lithographie/Chrom-Lithographie

Farbdruck auf Blech. Löste die aufwendige Handlackierung bei Billigmodellen und Großserien ab. Bing war der Wegbereiter. Lithographierte Stücke sind vom Sammlerstandpunkt aus nicht zwangsläufig als zweitrangig einzustufen.

Luna-Objekte

Weltraum-Spielzeug wie Raketen und Roboter.

Manufaktur

Bezeichnung für ein von Hand in kleinen Werkstätten (hier: „Werkstatt" im Gegensatz zu „Industrie") hergestelltes Stück. Meist komplett gelötet und nicht „verzapft" (siehe „Verlappung/Verzapfung"), hergestellt meist vor dem Ersten Weltkrieg.

Masse

Mit „Masse" bezeichnet man den formbaren Rohstoff für Figuren (z. B. Elastolin und Lineol). Hauptbestandteil sind Holzmehl und Binder (Leim). Wasserempfindlich!

Mimikry

Wolkenartige Tarnfarben-Lackierung in verschiedenen grünen, grauen und braunen Tönen.

Mystery-Antrieb

Rückstoß-Antrieb bei Schiffen durch Ausstoß von heißem Wasser.

Novelty/Novelties

Engl.: „Neuheiten". Anglo-amerikanische Bezeichnung für mechanisches Spielzeug und Figuren, wie sie zum Beispiel für die Firma Lehmann typisch sind.

Oszilierender Zylinder

Auch „Wackelzylinder" genannt. Beweglich gelagerter Dampfzylinder bei Dampfmaschinen und dampfbetriebenen Lokomotiven. Meist billigere Gesamt-Ausführung gegenüber Modellen mit feststehenden Dampfzylindern.

Pennytoys

Wörtlich: Pfennig-Spielzeug. Billig-Spielzeug in kleiner Form, fast immer ohne Antrieb. Auch „Nürnberger Tand" genannt, obwohl diese Bezeichnung wesentlich älter ist. Pennytoys dienten zwischen den Kriegen oftmals als Werbegeschenke. Herstellungszentrum war weltweit Nürnberg. Große Beliebtheit in England, heute gesucht und teuer.

Replica

Genauer Nachbau eines alten Stückes.

Space-Objekte

Siehe „Luna"

Tin plate

Heute weltweit benutzte Bezeichnung (anglo-amerikanisch) für Blech-spielzeug aller Art. Tin plate = verzinntes Blech = Weißblech.

Trockenelement

Batterie

Überlack

Überzuglack (meist Spiritus-Kopalharz-Klarlack), nach dem Aufbringen aller Zierlinien und Beschriftungen zu deren Schutz. Vorsicht: Bezeich-nung nicht verwechseln mit „überlackiert", was bedeutet, daß der Gegenstand artfremd überstrichen wurde!

Unterlack

Grundierung. Wenn diese fehlt, blättert der Decklack leicht ab (siehe oft bei Bing).

Uhrwerk

Federmotor zum Aufziehen

Verlappung/Verzapfung

Befestigung von Teilen, z.B. Seitenwand und Stirnwand bei Eisen-bahnwagen, mittels gestanzter Schlitze in einem Teil und Laschen am anderen Teil. Typisch für industrielle Serienfertigung. Wegbereiter war Bing.

Verleger

Früher geläufige Bezeichnung für Gesamt-Vertreiber in der Spielzeug-Branche. War Exporteur und Lieferant der Großhändler in aller Welt. Hatte oft eigene Auslandsbüros.

Weißblech

Beidseitig verzinntes dünnes Eisenblech (= wörtl.: Tin plate!). Hauptwerkstoff für Blechspielzeug.

Zinnpest/Zinkpest

Zerfallserscheinung von Gegenständen, die aus Zinn oder Zink hergestellt sind, z. B. Zinnfiguren und Lokomotiven aus Zinkdruckguß. Die Ursache ist noch nicht erforscht. Vermutet werden unreine Mischungen und Fehlen einer Wismut-Beimischung (kriegsbedingt), feuchte Lagerung und starke Temperaturschwankungen. Reparaturmöglichkeiten auf Dauer sind noch nicht bekannt.

Neue Erkenntnisse durch Museums-Besuche

„Erst der Umgang mit der Ware hilft zu praktischen Erkenntnissen."
Diese Kaufmanns-Weisheit gilt auch für den Sammler. Keine Beschreibung kann so viel aussagen wie ein Foto. Ein Foto aber, und sei es noch so groß und bunt, kann nicht die räumliche Betrachtung des Gegenstandes ersetzen!

Fast alle privaten Sammlungen befinden sich im „geheimen Kämmerlein" (die sich aber auch über ganze Stockwerke erstrecken können!) und persönlich unbekannte Besucher sind selten willkommen; — die Vorsicht der Sammler ist allerdings begründet!

Altes Blechspielzeug (und nicht nur Blechspielzeug!) ist aber auch öffentlich ausgestellt:

In Nürnberg und Sonnenberg, zum Beispiel, befinden sich spezielle Spielzeug-Museen. Daneben gibt es noch eine ganze Reihe weiterer Museen mit ständiger oder periodischer Ausstellung von altem Spielzeug, bis hin zum Heimatmuseum, so z. B. Göppingen — und dort nicht zu vergessen, die Werks-Sammlung von Märklin selbst.

Bei allen Museen (besonders bei nicht permanenter Spielzeug-Ausstellung) empfiehlt sich immer eine vorherige telefonische Rückfrage nach Termin und Öffnungszeiten.

Allerdings bieten diese Museen dem Flugkörper- oder Schiffs-Spezialisten für sein relativ enges Fachgebiet nur wenige Stücke, denn sie widmen sich ja der ganzen breiten Spielzeug-Palette.

Den Autoren ist keine öffentlich zugängliche Spezialsammlung dieser beiden Sachgebiete bekannt.

Trotzdem ist jeder Museumsbesuch ein Gewinn, da auch Sammlungen anderer Sparten den Blick für Ähnlichkeiten schulen, die zum Erkennen von Marken und Herstellern erforderlich sind.

Spezial-Museen

Edinburgh,	Museum of Childhood
Frankfurt,	Historisches Museum
Göppingen,	Städt. Museum
	Werksmuseum Märklin
Kopenhagen,	Toy Museum
London,	Betnal Green Museum of Childhood
	Toy Museum (ehem. Allan Levy)
München,	Spielzeugmuseum Ivan Steiger
Nürnberg,	Spielzeugmuseum der Stadt Nürnberg
Riehen/CH,	Spielzeugmuseum
Salzburg,	Spielzeugmuseum
Salzgitter-Salder	Städt. Museum Schloß Salder

Sonneberg,	Spielzeugmuseum
Stockholm,	Toy Museum
Stuttgart,	Württembergisches Landesmuseum
Trier,	Spielzeugmuseum

Diese Liste erhebt natürlich keinen Anspruch auf Vollständigkeit.

Literaturverzeichnis

C. Baecker, D. Haas und Chr. Väterlein: Die Anderen Nürnberger, 9 Bände, Frankfurt, 1973 ff.

C. Baecker, D. Haas, C. Jeanmaire und Chr. Väterlein: Märklin, Technisches Spielzeug im Wandel der Zeit, 14 Bände, Frankfurt und Villingen/CH, 1975 ff.

C. Baecker und Chr. Väterlein: Vergessenes Blechspielzeug/Die Anderen Württemberger, Frankfurt, 1982

C. Baecker und B. G. Wagner: Blechspielzeug Eisenbahnen, München 1990

A. Bangert: Blechspielzeug, München, 1980

M. und J. Cieslik: Blechspielzeug-Patente, 2 Bände, Bad Honnef, 1977

C. Jeanmaire-dit-Quartier: Die großen Nürnberger, Gebr. Bing, Villingen/CH, 1974
Spielzeug aus der Vorkriegszeit 1912–15, Villingen/CH, 1977
Bing, Metall-Spielwaren 1927–32, Villingen/CH, 1986
Nürnberger Spielzeug, Jean Schoenner, Villingen/CH, 1977

W. Kaiser und C. Baecker: Blechspielzeug Dampfspielzeug, München, 1983

A. Levy: The Great Toys of Georges Carette (Katalog), London, 1975

J. Milet und R. Forbes: Toy Boats, New York, 1979

D. Pressland: Die Kunst des Blechspielzeuges, Zürich, 1976

J. Remise und J. Fondin: The Golden Age of Toys, Lausanne, 1967

A. Weltens: Mechanical Tin Toy in Colour, England, 1977

Fotonachweis und Dank an unsere Berater

Besonderer Dank an den Fotografen Friedemann Popp, Heidelberg, für seine schönen Aufnahmen, wie z. B. unser Titelbild, an Herrn Kurt Müller, Ottobrunn, für seine umfangreiche Beratung und viele Aufnahmen sowie dem Verband der Deutschen Reeder, Hamburg und ihren Fotografen Eva-Maria Grosse und Klaus Hogardt.

Die weiteren Abbildungen dieses Buches verdanken wir
Gebr. Arnold, Nürnberg
Manfred Birkenfeld, Münster
Dr. B. Christiansen, Hildesheim
Christies Auktionen, London
Gebr. Einfalt, Nürnberg
Gebr. Fleischmann, Nürnberg
Martin Fuchs GmbH, Zirndorf/Nürnberg
Galerie de Chartres, Auktionen, Chartres
Peter Giese, Hanau
Dr. Otto Groß, Offenbach
Hess. Landesmuseum, Kassel
Hobby-Haas, Frankfurt
Rudger Huber, Mörnsheim-Altendorf
Ernst Paul Lehmann (LBG), Nürnberg
Alan Levy, New Cavendish Books, London
Gebr. Märklin & Cie., Göppingen
David Pressland, London
Karl-Heinz Petri, Frankfurt
Rolf Richter, Auktionen, Weinheim
Reinhard Schiffmann, Forchheim
Rainer Schwalm, Frankfurt
Josef Sendlinger, Friedberg bei Augsburg
Sotheby's Auktionen, London
Spielzeugmuseum Kopenhagen
Spielzeugmuseum Schloß Salder, Salzgitter
Spielzeugmuseum Stockholm
Dr. Chr. Väterlein, Stuttgart
André Vercauteren Auktionen St. Niklaas
Trix-Mangold, Nürnberg-Fürth
Verlag „Die Anderen Nürnberger", Frankfurt

Zwei Spezialitäten für Kenner:

rechts: Sehr seltene Zeitungsanzeige der Firma Rock &
Graner's Nachfolger. Erschienen zur Jahrhundertwende.

unten: Verkehrs- und Bewegungsspielzeug im Kinderzimmer der 30er Jahre.

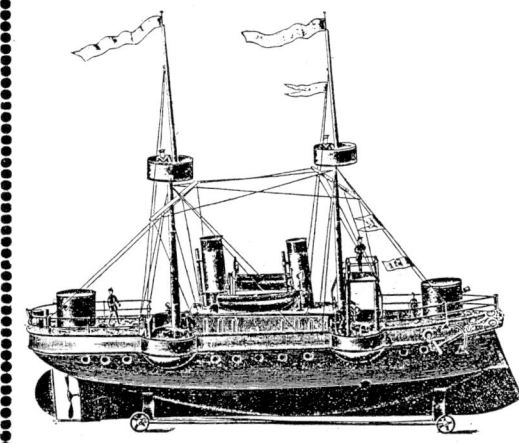

Rock & Graner's Nachfolger

Inhaber: OSCAR EGELHAAF

Biberach a. Riss, (Württ.)

Fabrik von Blechspielwaaren

in unübertroffener Ausführung und feinster Lackirung.

● **Reichhaltigste Auswahl** ●

als: Eisenbahnen mit und ohne Triebwerk und Schienenanlagen,
Gefährte, Landschaften, Kochherde, Küchen, Möbel, Rüstungen,
Schiffe etc.

Hervorragende Neuheit:

Centralweichenstellung für Schienen-Eisenbahnen.

D. R. G.-M. No. 69006.

Zur Messe in Leipzig: Neumarkt I (Marie) II.

Katalog-Bildteil

Zum Katalog und den Preisangaben

Unsere Bewertungskriterien haben wir schon im Textteil dieses Buches ausführlich dargelegt; wir orientieren uns am Sammlermarkt.

Dementsprechend zeigen wir im Katalog-Bildteil vornehmlich Stücke, die auf Auktionen, Tauschmärkten und im Fachhandel auch tatsächlich angeboten und gekauft werden; ausgesprochene Raritäten sind deshalb nur exemplarisch vertreten.

Wir geben jeweils zwei Preise an und zeigen so die Bandbreite, in der ein Stück bewertet werden kann:

Der erste Preis gilt für das gerade noch sammelwürdige Stück mit vielen Lackfehlern und teilweiser Unvollständigkeit. Der zweite Preis gilt für ein Stück in sehr guter Erhaltung. Bei der Zustands-Beurteilung wird stets auch das Alter des Stückes berücksichtigt. Die Benennung „LP" bedeutet „Liebhaber-Preis". Eine Preisangabe ist nicht möglich.

Schwierig ist die Feststellung der jeweiligen Fertigungszeiträume. Oftmals sind diese nicht identisch mit der Zeit des Verkaufes im Spielwarenhandel. Dieser Unterschied zwischen Produktion- und Verkaufszeitspanne ist bei allen Herstellern zu beachten.

Da auch der Beginn einer Fertigung nicht immer mit der erstmaligen Abbildung eines Stückes im Hersteller-katalog identisch ist, möchten wir die Angabe von Jahreszahlen im Katalog-Bildteil als Haupt-Fertigungszeit verstanden wissen.

Kleine Unterschiede in Ausstattungsdetails beim Vergleichsstück rechtfertigen meist keine Auf- oder Abschläge im Preis, da sich die Verwendungszeiten bei der Montage oftmals überschnitten: an einem Montagetisch waren die alten Teile bereits aufgebraucht, während sie am Nachbartisch noch vorrätig waren.

Ähnlich verhält es sich auch mit geprägten oder gestempelten Fabrikmarken; auch hier gibt es zahlreiche Beispiele für zeitliche Überschneidungen.

Für Hinweise auf besondere Stücke und seltene Varianten sind die Autoren stets dankbar — man lernt nie aus!

Schiffe und Flugkörper
in Farbe

F1   Raddampfer „Adriatic"
Märklin – Göppingen um 1900. Antrieb: Dampf oder Uhrwerk. Länge:
81 cm.   DM 20000,–/DM 84000,–

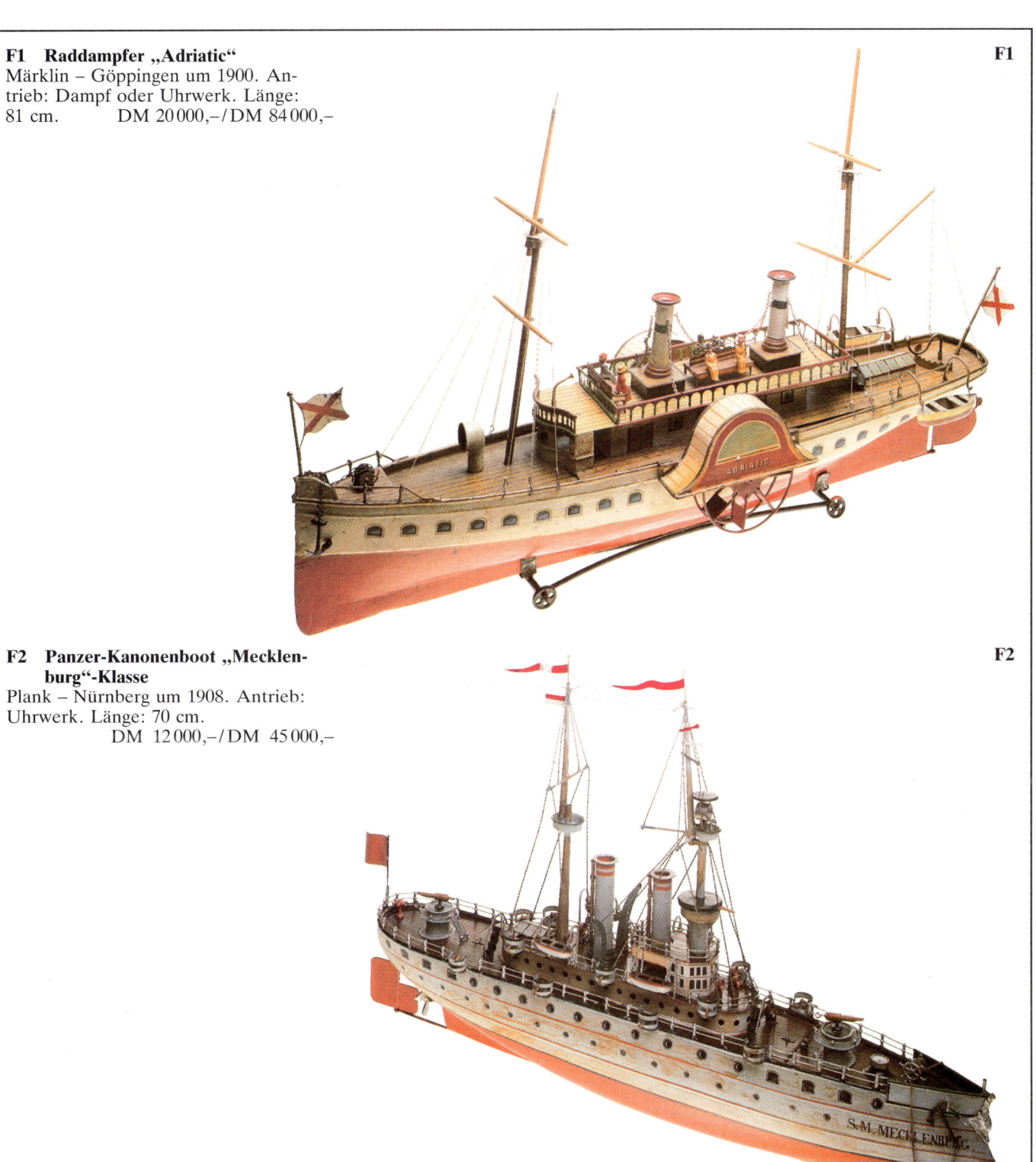

**F2   Panzer-Kanonenboot „Mecklen-
     burg"-Klasse**
Plank – Nürnberg um 1908. Antrieb:
Uhrwerk. Länge: 70 cm.
          DM 12000,–/DM 45000,–

F3   Linienschiff „Resolution"
(Kaiser-Wilhelm-Klasse) Märklin –
Göppingen um 1900. Konstruktion:
Lutz. Antrieb: Dampf oder Uhrwerk.
Mit und ohne Luftsteuerung. Länge:
105 cm (ab 1904: 115 cm).
DM 20 000,–/DM 88 000,–

F3

F4   Kaiserliche Yacht „Hohenzollern"
Märklin – Göppingen um 1904. An-
trieb: Uhrwerk. Länge: 62 cm.
DM 12 000,–/DM 52 000,–

F4

F5

F5   Schnelldampfer „Augusta Victoria"
Märklin – Göppingen um 1910. Antrieb: Uhrwerk, Dampf oder elektrisch / Akku. Länge: 98 cm.
DM 30000,–/DM 85000,–

F6   Ausflugdampfer „Wilhelmina"
Carette – Nürnberg um 1905. Antrieb:
Dampf. Länge: 75 cm.
DM 8000,–/DM 38000,–

F6

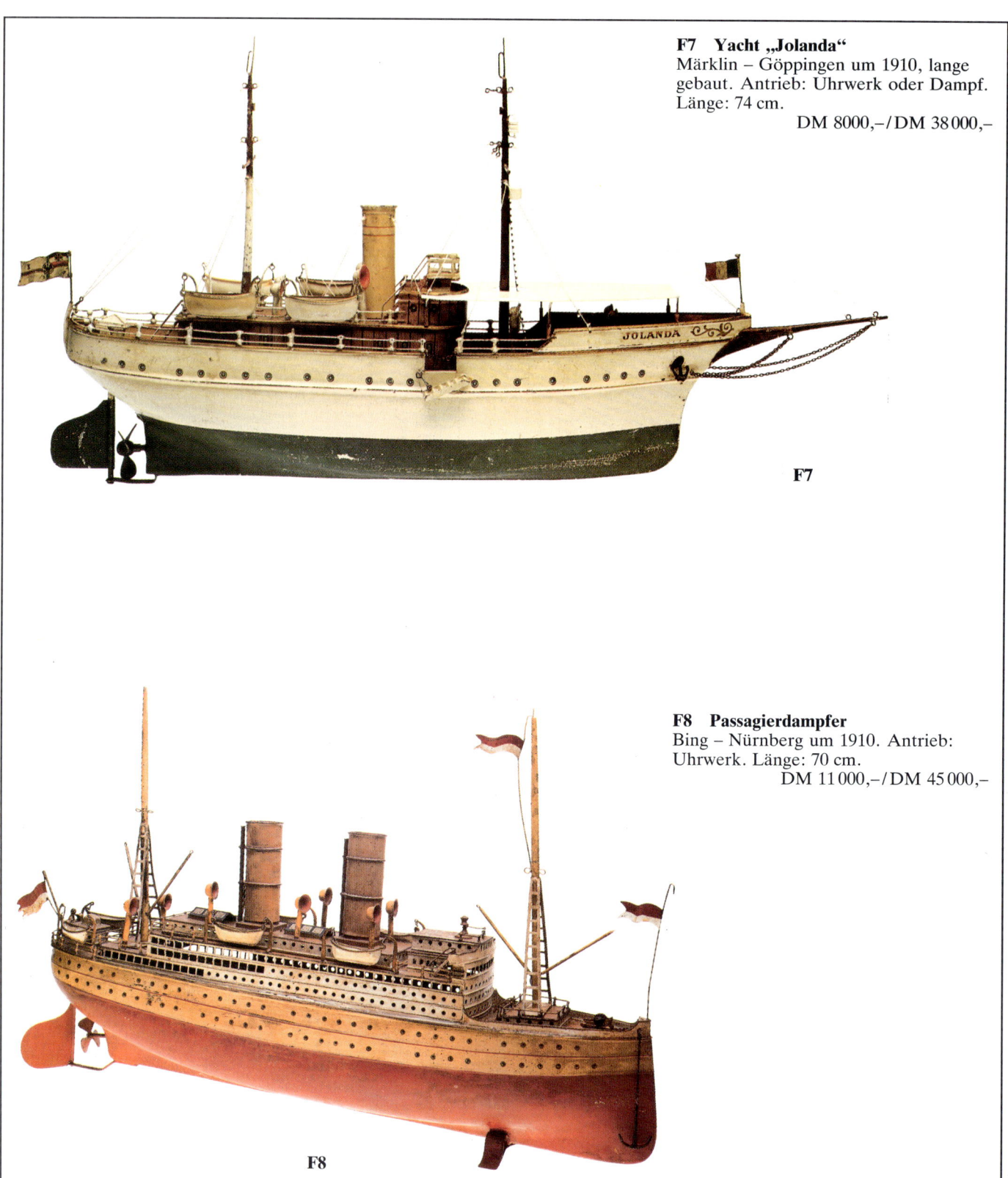

F7   Yacht „Jolanda"
Märklin – Göppingen um 1910, lange
gebaut. Antrieb: Uhrwerk oder Dampf.
Länge: 74 cm.

DM 8000,–/DM 38 000,–

F7

F8   Passagierdampfer
Bing – Nürnberg um 1910. Antrieb:
Uhrwerk. Länge: 70 cm.
DM 11 000,–/DM 45 000,–

F8

F9 Leuchtturm
Doll – Nürnberg um 1910. (Dampfma-
schinen-Antriebsmodell), Blinkanlage,
Leuchtturm-Wächter tritt mit Fernglas
aus der Tür.   DM 2000,–/DM 9000,–

F9

F10

F10 Passagierdampfer
Falk – Nürnberg um 1925. Antrieb:
Uhrwerk. Länge: 60 cm (auch 6 klei-
nere Varianten).
            DM 5000,–/DM 22 000,–

F11

F11 Doppelschraubendampfer
Carette – Nürnberg um 1910. Antrieb:
Uhrwerk. Länge: 33 cm.
            DM 2000,–/DM 8000,–

Ente
Hess – Nürnberg ca. 1924. Schwungrad-
antrieb. Länge: 10 cm.
            DM 200,–/DM 600,–

F12

F12   Schnelldampfer
    „Kronprinzessin Cecilie"
Fleischmann – Nürnberg um 1907. An-
trieb: Uhrwerk. Länge: 215 cm.
Oben Modell, unten Vorbild.
            DM 8000,–/DM 34 000,–

Auf der rechten Seite:

F13   Schnelldampfer
    „Kronprinzessin Cecilie"
Hier handelt es sich um ein echtes Mo-
dell-Schiff, weniger um ein Spielzeug.
Ein Liebhaberstück für wenige Sammler. Dieses Modell wurde auch in kleineren Varianten gebaut.

F14 **Dreimast-Segler „ERATO"**
Fleischmann – Nürnberg um 1906. Antrieb: Wind. Länge: 42 cm.

DM 2000,–/DM 12000,–

F14

F15 **Schnelldampfer „Columbus"**
Märklin – Göppingen um 1920. Als Spielzeug mit Dampf-, Uhrwerk oder elektrischem Antrieb. Als Schaufenstermodell ohne Antrieb. Länge: 98 cm.
Ohne Antrieb:

DM 12000,–/DM 45000,–
Mit Antrieb:

DM 15000,–/DM 65000,–

F15

Auch mit 117 cm Länge gebaut mit Vierschraubenantrieb. Ausführung mit drei Schornsteinen „Imperator-Klasse".
Preis: LP

Laufzeiten:	Uhrwerk:	12 Minuten
	Dampf:	45 Minuten (Doppelschrauben)
	Dampf:	60 Minuten (Vierschrauben)
	Elektro:	6 Stunden

Unser Bild: Schaufenster-Modell des „Norddeutschen Lloyd", Bremen.

F16   Passagier- und Motorschiffe   **F16**
Fleischmann – Nürnberg nach 1930. Antrieb: Uhrwerk.
Passagierdampfer „Columbus", Länge: 80 cm.   DM 6000,–/DM 24000,–
Passagierdampfer, Länge: 40 cm.   DM 2000,–/DM   4800,–
Kleinschiffe, Länge: 12 bis 24 cm.   DM   150,–/DM   250,–
                                                   DM   450,–/DM   850,–

F17   Tanker
Fleischmann – Nürnberg um 1936. Antrieb: Uhrwerk. Länge: 52 cm.
                    DM 1000,–/DM 3200,–

F17

F18 **Hochsee-Torpedoboote**
Fleischmann – Nürnberg um 1936. Antrieb: Uhrwerk. Länge: 21 bis 35 cm, vier Baugrößen.
35 cm: DM 500,–/DM 1400,–
21 cm: DM 150,–/DM 450,–

F18

F19 **Panzerschiff**
         der „Graf Spee"-Klasse
Arnold – Nürnberg um 1938. Antrieb: Uhrwerk. Länge: 30 cm.
                       DM 300,–/DM 900,–

F19

F20 Seebäder-Schiffe
Fleischmann – Nürnberg um 1934. Antrieb: Uhrwerk. Länge: 30 bis 60 cm,
sieben Baugrößen.
30 cm: DM   500,–/DM 1200,–
40 cm: DM   800,–/DM 2200,–
52 cm: DM 1200,–/DM 3400,–
60 cm: DM 2000,–/DM 6500,–

F20

F21 oben:
  Zeppelin LZ129 – „Hindenburg"
Tippco – Nürnberg um 1936. Antrieb:
Uhrwerk. Länge: 28 cm.
              DM 300,–/DM 1700,–

F21 unten: **Unterseeboot**
Arnold – Nürnberg um 1939. Antrieb:
Uhrwerk. Länge: 34,5 cm.
              DM 200,–/DM 750,–

F21

F22

F22 „IKARUS"
Lehmann – Brandenburg ab 1913. Pro-
peller-Antrieb: Spiralfeder. Flügelspannweite: 37 cm.
                    DM 3000,–/DM 8000,–

F23

F23 Land- und Wasserflugzeug
(Amphibium) mit Schiffsschraube. Bing
– Nürnberg um 1928. Antrieb: Uhr-
werk. Spannweite: 41 cm.
                    DM 700,–/DM 2500,–

F24

F24 Hochdecker
Oro-Werke – Brandenburg (Marke
OROBR) um 1933. Antrieb: 2 Uhr-
werke. Spannweite: 36 cm.
                    DM 450,–/DM 1200,–

Eventuell unter Nachfolger Gundka
nach 1933 gefertigt.

F25 Passagierflugzeug mit Piloten
Günthermann – Nürnberg um 1930.
Antrieb: Uhrwerk. Spannweite: 56,5
cm.   DM 900,–/DM 3200,–

F25

F26 Doppeldecker
Günthermann – Nürnberg um 1930.
Antrieb: Uhrwerk. Spannweite: 42 cm.
                   DM 700,–/DM 2600,–

Auch als Schwimmerflugzeug angeboten.

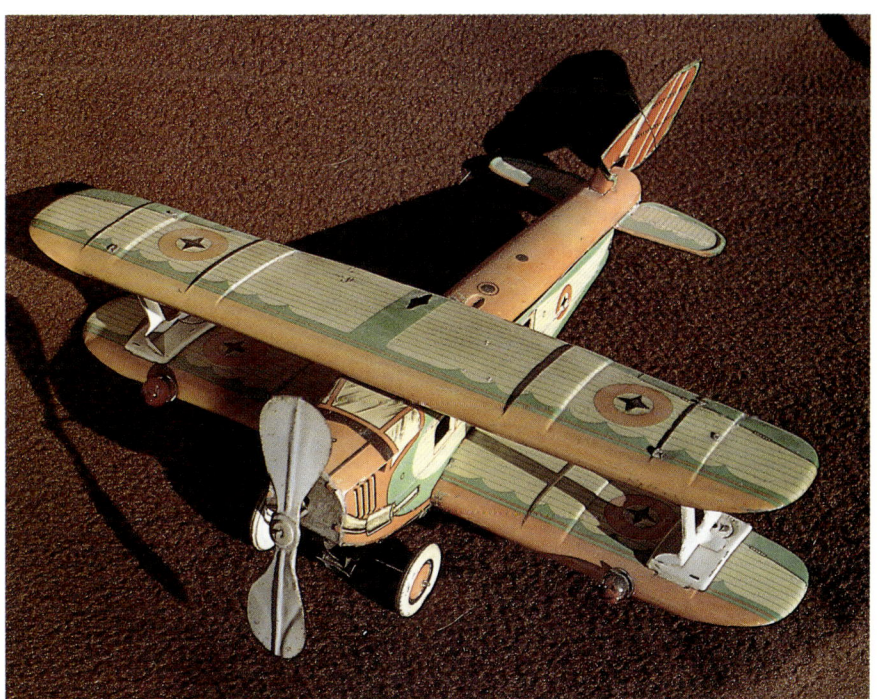

F26

F27 Passagierflugzeug,
mit 5 Motoren und 2 Piloten.
Tipp & Co. – Nürnberg um 1930. Antrieb: Uhrwerk. Spannweite: 61 cm.
DM 1000,–/DM 3500,–

Mit und ohne Positionslampen geliefert

F27

F28 Verkehrs-Doppeldecker,
mit 3 Motoren und 2 Piloten
Tipp & Co. – Nürnberg um 1930. Antrieb: Uhrwerk. Spannweite: 52 cm.
DM 700,–/DM 3000,–

Mit und ohne Positionslampen geliefert

F28

F29   Autogiro DE CIERVA
(Tragschrauber) ohne Markenzeichen
(„Germany") um 1934. Antrieb: Uhr-
werk. Rotordurchmesser: 12 cm.
                    DM 150,–/DM 350,–

F29

F30 + F31   Riesen-Flugboot DO X
12 Motoren in 6 Tandems. Fleischmann
– Nürnberg, gebaut 1933 bis 1938. Antrieb: Uhrwerk. Spannweite 45 cm
Fleischmann – Nr. 3610
                    DM 2000,–/DM 11000,–

Das Modell ist mit einem zusätzlichen
Hauptpropeller ausgestattet.

F30

F31

F32

F32   Lockheed – Superconstellation
Arnold – Nürnberg um 1960. Antrieb:
2 Friktionswerke. Spannweite: 50 cm.
DM 200,–/DM 700,–

Fluggesellschaften: KLM, TWA, TCA,
AIR FRANCE

F33

F33   DeHavilland – Comet
Tipp & Co. – Nürnberg um 1960. An-
trieb: Friktion. Spannweite: 31 cm.
DM 200,–/DM 550,–

F34

F34   Boeing 707
Gama/Mangold – Fürth um 1960. An-
trieb: elektrisch. Spannweite: 46 cm.
DM 200,–/DM 700,–

Katalog
Schiffe

1

1   Raddampfer mit Segel „Neptun"
Lutz – Ellwangen um 1885 (auch an
Märklin geliefert). Antrieb: Uhrwerk.
Länge: ca. 80 cm.   DM 14000,–/LP

2   Raddampfer „Kaiser Wilhelm"
Lutz – Ellwangen um 1885 (auch an
Märklin geliefert). Antrieb: Dampf
oder Uhrwerk. Länge: 70 cm.
DM 9000,–/LP

2

3 Dampf-Kanonenboot „Rodney"
Radiguet – Frankreich um 1890. Antrieb: Dampf. Länge: 84 cm. Eines der schönsten Spielzeugschiffe. Rumpf Blech, Deck poliertes Mahagoni.
DM 8000,–/DM 24000,–

3

4 Segler
Fleischmann – Nürnberg um 1905.
Länge: 30 cm.   DM 400,–/DM 2400,–

4

5

6

7

**5   Raddampfer, Ausflugsschiff
„Amsterdam"**
Fleischmann – Nürnberg um 1905. An-
trieb: Uhrwerk. Länge: ca. 50 cm.
                     DM 2000,–/DM 9000,–

6   Dampfbarkasse
Schoenner – Nürnberg um 1900. An-
trieb: Dampf.
Länge: 30 cm.   DM 600,–/DM 1800,–
Länge: 38 cm.   DM 800,–/DM 2400,–
Länge: 50 cm.   DM 1000,–/DM 4800,–

7   Taucher (mit Gummischlauch)
Fleischmann – Nürnberg um 1910, viele
Jahre gebaut. Höhe: 19 cm.
                     DM 600,–/DM 2400,–

8 Dampfbarkasse
Plank – Nürnberg um 1905. Antrieb:
Dampf. Länge: 24 cm.
                    DM 1000,–/DM 2400,–

8

9 Ozeandampfer
Plank – Nürnberg um 1910. Antrieb: Dampf, elektr. beleuchtet, Plank-Nr. 30/8.
Länge: ca. 80 cm.   DM 12000,–/DM 45000,–

9

10

11

10   Linienschiff „Wittelsbach"-Klasse
Märklin – Göppingen um 1909.
Antrieb: Dampf, Uhrwerk oder
elektr./Akku, Märklin-Nr. 5130/8.
Länge: 86 cm.

DM 18000,–/DM 70000,–

Weitere Größen 5130/9 bis 5130/11
(„Nassau"-Klasse)
Preise: LP
Keine nennenswerten Preisunterschiede
nach Antriebsart.

11   Passagierdampfer „Fürst Bismarck"
Märklin – Göppingen seit 1904. An-
trieb: Dampf oder Uhrwerk, Märklin-
Nr. 5047(D)/4073. Länge: 63 cm.

DM 12000,–/DM 66000,– (Dampf)

12 Raddampfer „Puritan"
nach amerikan. Vorbild Märklin –
Göppingen um 1904. Antrieb: Uhrwerk, Märklin-Nr. 1067. Länge: 49 cm.
DM 15 000,–/DM 45 000,–

12

13 Leuchtturm
Märklin – Göppingen um 1902. Höhe:
ca. 50 cm, Petroleum-Lampe, mit Rettungsboot und Kran, Märklin-Nr. 2254.
DM 10 000,–/LP

14

13

14 Linienschiff „Kurfürst Friedrich Wilhelm"
Märklin – Göppingen um 1903. Antrieb: Dampf oder Uhrwerk, Konstruktion
wohl Lutz, Märklin-Nr. 1094 oder 4084 (Dampf). Länge: 88 cm.
DM 12 000,–/DM 72 000,– (Dampf)

15　Doppelschrauben-Linienschiff
„Kaiser Karl der Große"
(Uhrwerk), **„Kaiser Wilhelm II"**
(Dampf) – mit Luft-Steuerung.
Märklin – Göppingen ab 1902. Länge:
115 cm, Konstruktion wohl Lutz, Mär-
klin-Nr. 1096 (Uhrwerk), Nr. 4096
(Dampf).　　　DM 20000,–/DM 95000,–

15

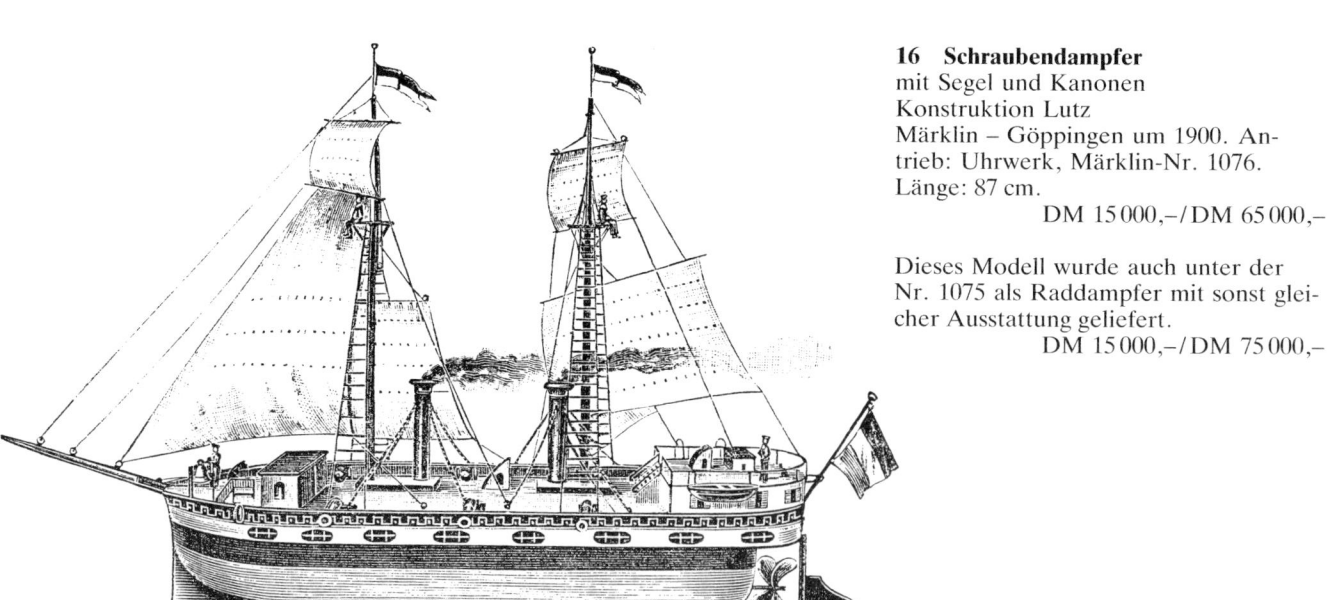

16　Schraubendampfer
mit Segel und Kanonen
Konstruktion Lutz
Märklin – Göppingen um 1900. An-
trieb: Uhrwerk, Märklin-Nr. 1076.
Länge: 87 cm.
　　　　　　　DM 15000,–/DM 65000,–

Dieses Modell wurde auch unter der
Nr. 1075 als Raddampfer mit sonst glei-
cher Ausstattung geliefert.
　　　　　　　DM 15000,–/DM 75000,–

16

17

17 Unter der Märklin-Nr. 1081 wurde um 1890 zunächst der **Lutz-Raddampfer „Mont-Blanc"** in zwei Größen (63 cm und 90 cm) angeboten. Antrieb: Uhrwerk.
Nr. 1081/1 – 63 cm.   DM 12 000,–/DM 50 000,–
Nr. 1081/2 – 90 cm.   DM 18 000,–/DM 70 000,–

18 Unter gleicher Märklin-Nr. 1081 wurde um 1902 das Märklin-Nachfolgemodell, hier als **Salon-Raddampfer „Prince of Wales"** in zwei Größen (73 cm und 95 cm) angeboten. Antrieb: Uhrwerk.
Nr. 1081/1 – 73 cm.   DM 13 000,–/DM 55 000,–
Nr. 1081/2 – 95 cm.   DM 20 000,–/DM 75 000,–

18

19   Schraubendampfer
(Seebäderschiff) Märklin – Göppingen
um 1902. Antrieb: Uhrwerk, Märklin-
Nr. 1072. Länge: 68 cm.
DM 12000,–/DM 45000,–

Dieses Modell wurde unter der Nr.
1071 auch als Raddampfer angeboten.
DM 12000,–/DM 50000,–

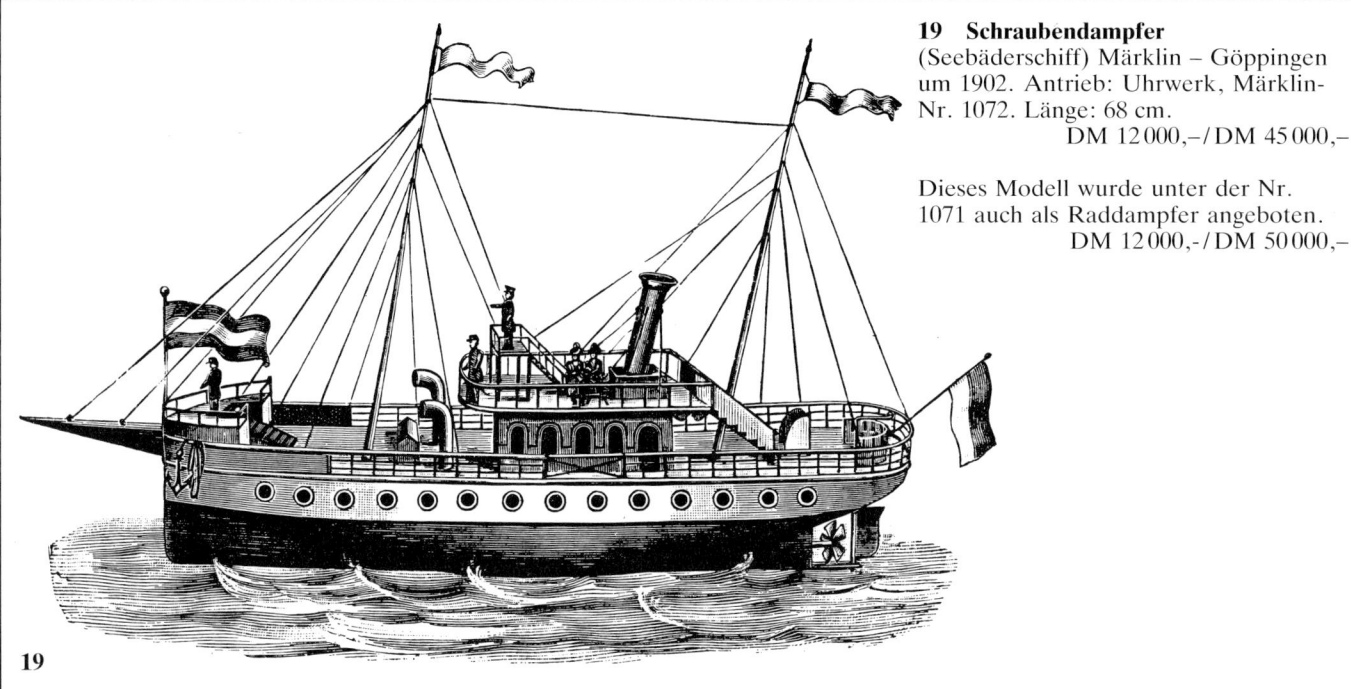

19

20

20   Vergnügungsdampfer „Atlanta", USA-Modell
Fleischmann – Nürnberg um 1908. Antrieb: Uhrwerk, Nr. 913. Länge: 60 cm.
DM 8000,–/DM 24000,–

U-Boote verschiedener Hersteller
Antrieb: Uhrwerk.

21 Bing – Nürnberg um 1906. Länge:
    25 cm.   DM 150,–/DM 450,–

22 Fleischmann – Nürnberg um 1911.
    Länge: 22 cm.
                    DM 100,–/DM 260,–

23 Hörndlein – Nürnberg um 1938.
    Länge: 26 cm.
                    DM 120,–/DM 300,–

22   **21**   **23**

24 Plank – Nürnberg um 1903. Länge:
    24 cm.   DM 150,–/DM 350,–

24

25 Märklin – Göppingen um 1914 (großes „Tauchboot")
5081/41 = Länge: 41 cm. DM   600,–/DM 1800,–
5081/57 = Länge: 57 cm. DM   900,–/DM 4000,–
5081/76 = Länge: 76 cm. DM 1200,–/DM 6500,–

25

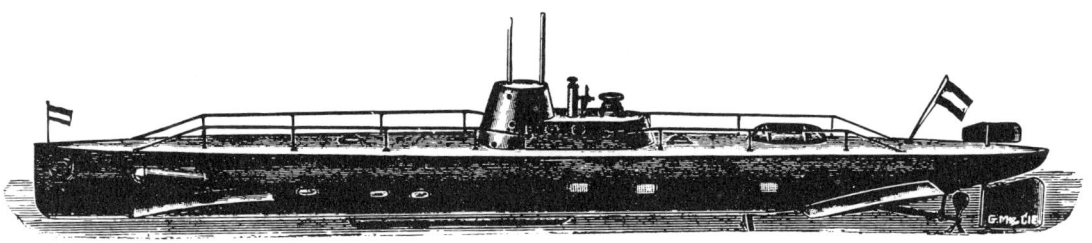

26 Raddampfer
Staudt – Nürnberg um 1910. Antrieb:
Uhrwerk, Staudt-Nr. 3195/4. Länge:
32 cm.   DM 1200,–/DM 5000,–

26

27 Panzerschiff
Staudt – Nürnberg um 1910. Antrieb:
Uhrwerk, Staudt-Nr. 3317/5. Länge:
55 cm.   DM 4000,–/DM 22 000,–

27

28 Torpedo-Divisionsboot
Staudt – Nürnberg um 1910. Antrieb:
Uhrwerk, Staudt-Nr. 3600/6. Länge:
53 cm.   DM 3000,–/DM 15 000,–

28

29 Panzerkreuzer „Meteor"
Märklin – Göppingen um 1910. Antrieb: Uhrwerk oder Dampf, Märklin-Nr. 5105(D). Länge: 53 cm.
            DM 12000,–/DM 48000,–

29

30 Linienschiff „Kaiser Friedrich"
Märklin – Göppingen um 1910. Antrieb: Uhrwerk oder Dampf, Märklin-Nr. 5121(D). Länge: 72 cm.
            DM 15000,–/DM 72000,–

30

31

31   Rennboot
Bing – Nürnberg um 1912. Antrieb:
Dampf.
Bing-Nr. 155/35. Länge: 46 cm.
DM 500,–/DM 2500,–
Bing-Nr. 155/36. Länge: 55 cm.
DM 600,–/DM 2700,–

32

32   Feuerlöschboot
Fleischmann – Nürnberg um 1908. Antrieb: Uhrwerk, mit Pumpvorrichtung,
Wasserstrahl bis 4 Meter! Länge:
34 cm.   DM 1000,–/DM 7000,–

33   Motorrennboot
Staudt – Nürnberg um 1907. Antrieb:
Uhrwerk, Staudt-Nr. 3240/3. Länge:
36 cm.   DM 800,–/DM 2500,–

33

Fährboote

Fleischmann – Nürnberg um 1908. Antrieb: Uhrwerk

34

35

36

34 Fleischmann-Nr. 451, Länge: 21 cm. DM 1500,–/DM 5500,–

35 Fleischmann-Nr. 453, Länge: 27 cm. DM 2000,–/DM 8500,–

36 Fleischmann-Nr. 457, Länge: 50 cm. DM 4000,–/DM 16000,–

Es gab bei Fleischmann 9 Größen dieses Typs, der auch über Nürnberger Mitbewerber geliefert wurde.

37 Hausboot
Bing – Nürnberg um 1902. Ohne Antrieb, reich ausgestattet, Bing-Nr. 13662/1. Länge: 24 cm.
DM 5000,–/DM 25 000,–

37

38 Linienschiff
Karl Rosenbaum – Nürnberg um 1912 Antrieb Uhrwerk, Länge 68 cm.
DM 9000,–/DM 22 000,–

38

39 Hausboot
Fleischmann – Nürnberg um 1908. Antrieb: Uhrwerk, Fleischmann-Nr. 476.
Länge: 40 cm. DM 3000,–/DM 16000,–

39

40 Baggerschiff
(umlaufendes Schöpfwerk)
Fleischmann – Nürnberg um 1908. Antrieb: Uhrwerk, Fleischmann-Nr. 351.
Länge: 36 cm. DM 5000,–/DM 24000,–

40

41 Vergnügungsdampfer
    mit Sonnensegel

41

Fleischmann – Nürnberg um 1908. Antrieb: Uhrwerk, Fleischmann-Nr. 906.
Länge: 40 cm. DM 3000,–/DM 12000,–

42 Salondampfer „Stefanie"
Märklin – Göppingen um 1912. Antrieb: Uhrwerk, Dampf oder elektr./Akku, Märklin-Nr. 5050/7.
Länge: 73 cm.
DM 20 000,– / DM 65 000,–

Ohne Zusatz-Buchstabe = Uhrwerk, D = Dampf, E = Elektroantrieb.

42

43 Schnelldampfer „Kronprinz Wilhelm"
Märklin – Göppingen um 1912. Antrieb: Uhrwerk, Dampf oder elektr./Akku, geliefert in zwei Größen.
Märklin-Nr. 5050/9 = Länge: 98 cm.
Märklin-Nr. 5050/11 = Länge: 118 cm.
DM 30 000,– / DM 85 000,–
DM 35 000,– / DM 95 000,–

43

44 Flußdampfer
Carette – Nürnberg um 1910. Antrieb:
Dampf.
Carette-Nr. 621/2 = Länge: 45 cm.
　　　　　DM 3000,–/DM 9000,–
Carette-Nr. 621/3 = Länge: 55 cm.
　　　　　DM 3500,–/DM 11 000,–

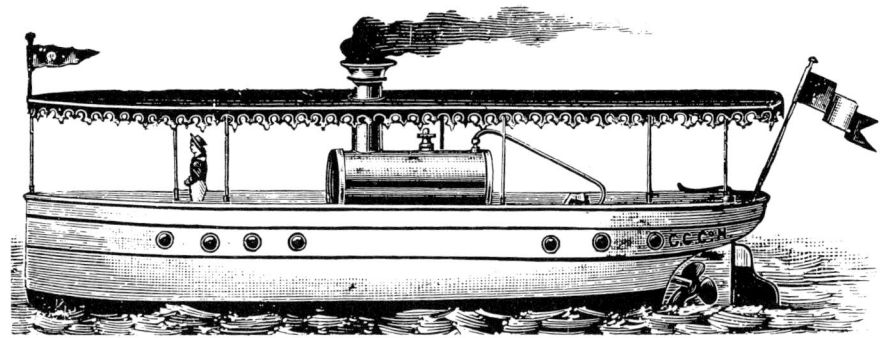

44

45 Raddampfer
Carette – Nürnberg um 1910. Antrieb:
Uhrwerk, in 8 verschiedenen Größen
von 20 bis 70 cm angeboten. Carette-
Nr. 731/7 Länge: 51 cm.
　　　　　DM 5000,–/DM 18 000,–

45

46 Seenot-Rettungsboot
Günthermann – Nürnberg um 1904.
Bodenläufer mit Uhrwerk.
Mit 4 Figuren. Länge: 25 cm.
　　　　　DM 1500,–/DM 4500,–
Mit 9 Figuren. Länge: 32 cm.
　　　　　DM 2000,–/LP

46

47

47   Ozean-Schraubendampfer
Carette – Nürnberg um 1912. Antrieb: Dampf, in 3 Größen angeboten.
Carette-Nr. 622/3 = Länge: 55 cm.   DM 6000,– / DM 22 000,–
Carette-Nr. 622/5 = Länge: 75 cm.   DM 8000,– / DM 42 000,–

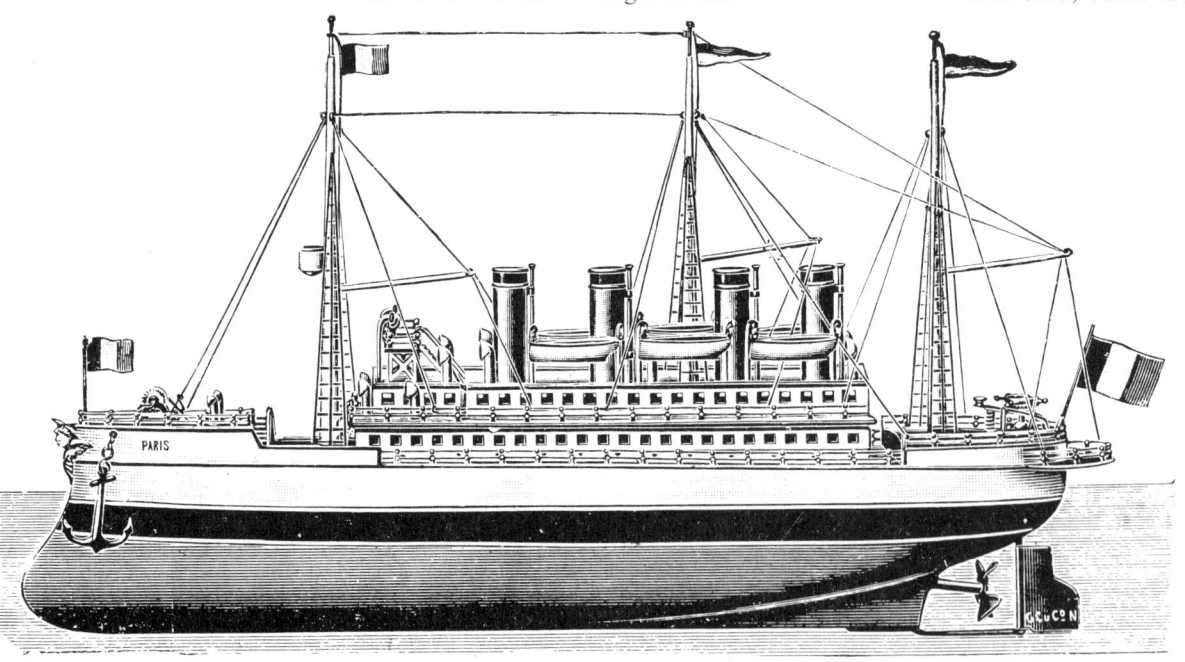

48

48   Ozean-Dampfer „Paris"
Carette – Nürnberg um 1912. Antrieb: Uhrwerk, in 5 Größen angeboten.
Carette-Nr. 713/35 = Länge: 66 cm.   DM 7000,– / DM 24 000,–
Carette-Nr. 713/38 = Länge: 75 cm.   DM 8500,– / DM 42 000,–

49 Unterseeboot
Carette – Nürnberg um 1912. Antrieb:
Uhrwerk, in 5 Größen geliefert.
Carette-Nr. 718/00 = Länge: 20 cm.
DM 160,–/DM 320,–
Carette-Nr. 718/3 = Länge: 33 cm.
DM 300,–/DM 600,–

49

50 Torpedoboot
Plank – Nürnberg um 1903. Antrieb:
Dampf, Plank-Nr. 127/1. Länge: 40 cm.
DM 1400,–/DM 4500,–

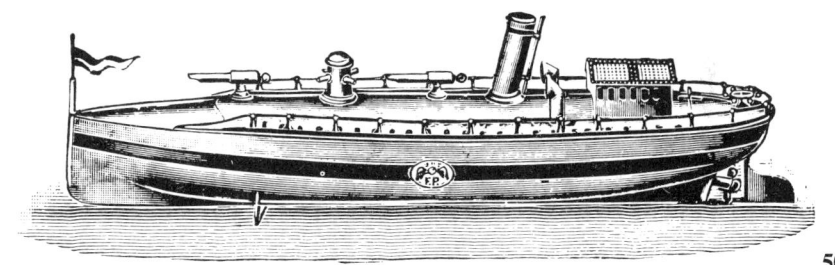

50

51 Torpedo-Divisionsboot
Plank – Nürnberg um 1903. Antrieb:
Dampf.
Plank-Nr. 127/2 = Länge: 50 cm.
DM 2000,–/DM 6500,–
Plank-Nr. 127/3 = Länge: 60 cm.
DM 2500,–/DM 9500,–

51

52   Linienschiff „St. Vincent"
Bodenläufer mit Uhrwerk,
Lehmann – Brandenburg um 1912.
Lehmann-Nr. 672.
DM 500,–/DM 2200,–

52

53   Torpedoboot „Taku"
Bodenläufer mit Uhrwerk,
Lehmann – Brandenburg um 1912.
Lehmann-Nr. 671.
. DM 300,–/DM 1500,–

53

54   Panzerschiff „Paris"
Carette – Nürnberg um 1910. Antrieb: Uhrwerk, in 11 Größen angeboten.
Carette-Nr. 721/26 = Länge: 37 cm.
DM 3000,–/DM 11 000,–
Carette-Nr. 721/36 = Länge: 75 cm.
DM 8200,–/DM 44 000,–

54

55 Flußdampfer
Bing – Nürnberg um 1910. Antrieb:
Dampf. Länge: 38 cm.
                    DM 2000,–/DM 6000,–

55

56 Leichter Kreuzer
Bing – Nürnberg um 1914. Antrieb:
Uhrwerk. Länge: 56 cm.
                    DM 2000,–/DM 9000,–

56

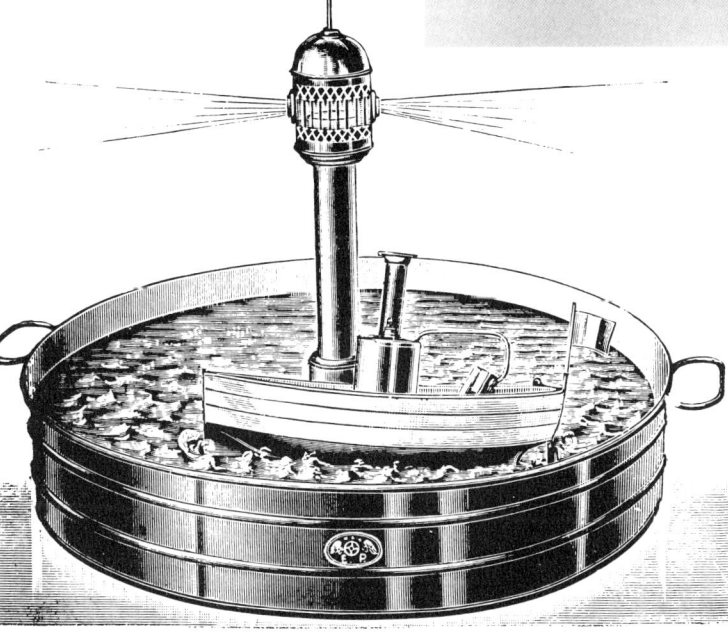

57 Wasserbecken mit Leuchtturm und Dampfschiff
Plank – Nürnberg um 1903. Antrieb:
Dampf- oder Uhrwerk.
Beckendurchmesser 50 cm
Leuchtturmhöhe 38 cm
Schiff 25 cm.   DM 3000,–/DM 11 000,–

57

58 59   Leuchtturm, um 1900
mit Wasserbecken für kleine Dampf-
schiffe. Schoenner – Nürnberg.
Antrieb: Dampf, Turm mit Kerzen-
beleuchtung.
Beckendurchmesser 50 cm
Leuchtturmhöhe 40 cm
Schiff 25 cm.   DM 3000,–/DM 12 000,–

Oben Katalogabbildung, unten das
gelieferte Modell

58

59

60   Flußdampfer mit 2 Masten
Plank – Nürnberg um 1903. Antrieb:
Dampf. Länge: 60 cm.
DM 4000,–/DM 12 500,–

60

61   Ozeandampfer
Plank – Nürnberg um 1903. Antrieb:
Dampf oder Uhrwerk.
Plank-Nr. 130/1 (Dampf)
Plank-Nr. 429/3 (Uhrwerk) Länge:
55 cm.   DM 6000,–/DM 21 000,–
Plank-Nr. 130/3 (Dampf)
Plank-Nr. 429/5 (Uhrwerk) mit 3 Ma-
sten, 8 Rettungsboote, Matrosen, 3 Bo-
genlampen, 16 Luftsauger. Länge:
75 cm.   DM 9000,–/DM 42 000,–

61

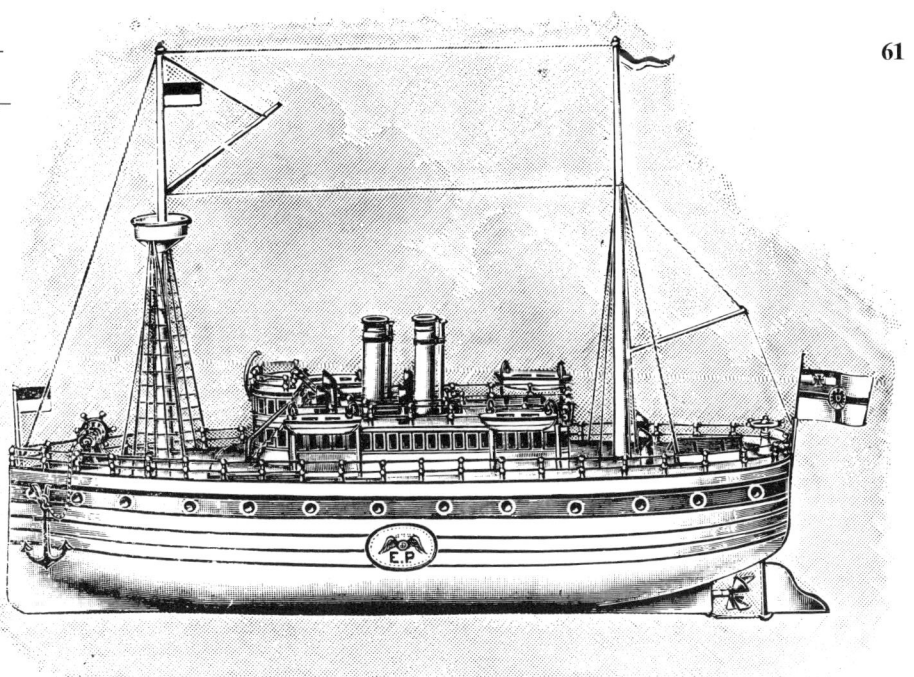

62 Kanonenboot „Kasuga"
Bing – Nürnberg um 1905 – Japanische
Kriegsflagge. Antrieb: Uhrwerk.
Länge: 50 cm.   DM 3000,–/DM 9000,–

63 Torpedo-Divisionsboot
Bing – Nürnberg um 1906. Länge:
72 cm.
Bing-Nr. 13079 – Uhrwerk
Bing-Nr. 13090 – Dampf
                DM 3500,–/DM 11 000,–

62

63

64

64 Torpedoboot
Bing – Nürnberg um 1906. Antrieb:
Uhrwerk, Bing-Nr. 13957/3. Länge: 80
cm.   DM 4000,–/DM 12 000,–

65

65   Leichter Kreuzer „Tiger"
Bing – Nürnberg um 1906. Bing-Nr.
13080/3, Antrieb: Uhrwerk. Länge: 72
cm. Bing-Nr. 13091/3, Antrieb: Dampf.
DM 8500,–/DM 35 000,–

66   Kaiserliche Yacht „Hohenzollern"
Bing – Nürnberg um 1906.
Länge: 65 cm.
Bing-Nr. 13083 Uhrwerk
Bing-Nr. 13094 Dampf.
DM 7500,–/DM 35 000,–

66

67

**67   Linienschiff „Fürst Bismarck"
auch „Terrible"**
Bing – Nürnberg um 1906. 16 Kano-
nen, 6 Rettungsboote. Länge: 76 cm.
Bing-Nr. 13082/3 – Uhrwerk
Bing-Nr. 13093/3 – Dampf
DM 14 000,–/DM 48 000,–

68

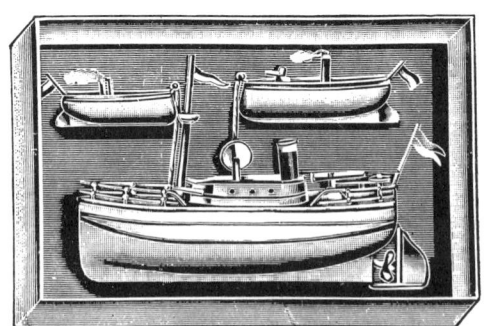

**68   „Uhrwerk-Schlepper
mit Anhänge-Booten"**
Übelacker für J. Falk – Nürnberg um
1920. Falk-Nr. 2015, Schlepper-Länge:
30 cm.   DM 3000,–/DM 6500,–

69   Raddampfer
Falk – Nürnberg um 1914. Antrieb:
Uhrwerk. Falk-Nr. 1780/1–1780/6.
Länge: 20 cm.   DM   200,–/DM   900,–
Länge: 40 cm.   DM 1500,–/DM 6000,–

69

70   Flotten-Sortiment
Falk – Nürnberg um 1912 (ähnlich
Fleischmann). Falk-Nr. 1949
(9 Schiffe). „Magnetische Schwimm-
Spielwaren".   DM 600,–/DM 4000,–

Karton 42,5 × 29 cm, auch in kleineren
Kartons mit 3 bis 7 Schiffen geliefert.

70

71   Uboot
Falk – Nürnberg um 1914. Antrieb:
Uhrwerk mit Tauch-Mechanismus.
Falk-Nr. 299/81, Länge: 18 cm.
                DM 120,–/DM 280,–
Falk-Nr. 299/85, Länge: 30 cm.
                DM 300,–/DM 650,–

71

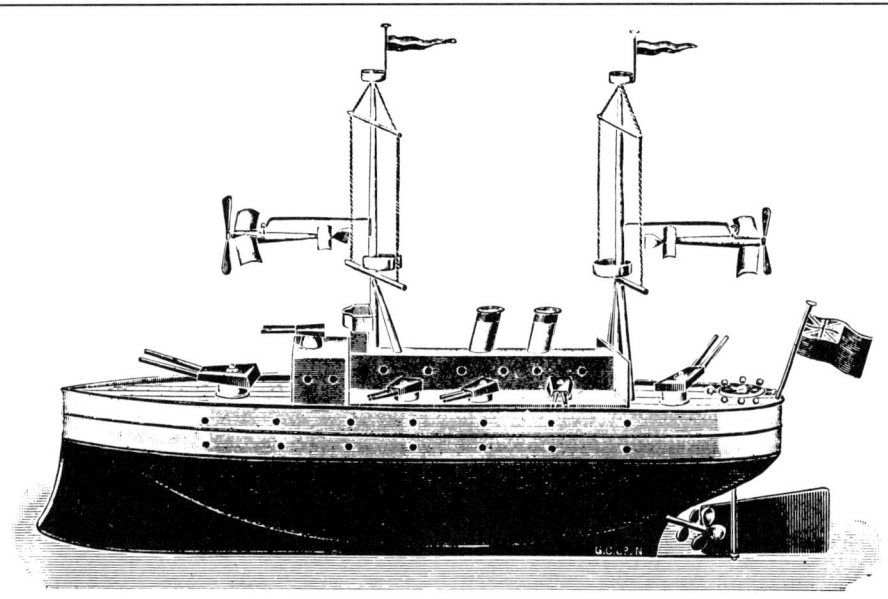

72   Großes Kriegsschiff (Linienschiff)
Mit 2 Flugzeugen in sehr gewagter Auf-
hängung an den Schiffsmasten. Wohl
das erste Spielzeug-Kriegsschiff als
„Flugzeug-Mutterschiff".
Carette – Nürnberg um 1912. Antrieb:
Uhrwerk. In 3 Längen: 49–60 cm.
Carette-Nr. 714/9 = 49 cm.
          DM 6000,– / DM 19 000,–
Carette-Nr. 714/11 = 60 cm.
          DM 9000,– / DM 38 000,–

72

73

73   Auto-Rennboot
Märklin – Göppingen um 1912. An-
trieb: Uhrwerk oder Elektro-Motor.
Länge: 42 cm.   DM 2000,– / DM 9500,–

74

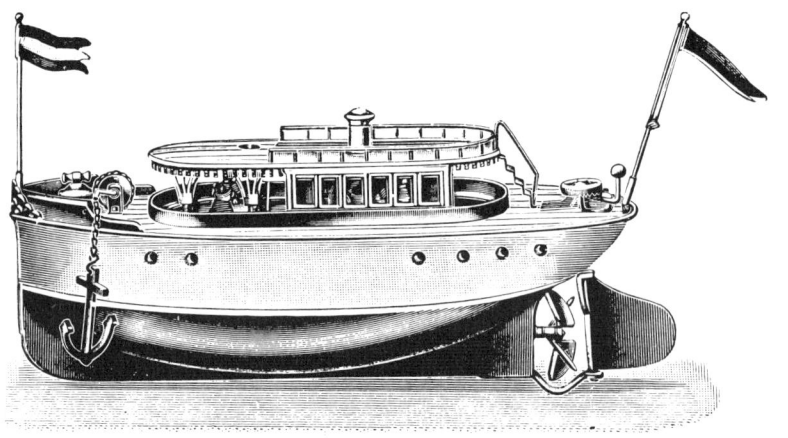

74   Motor-Yacht
(Salon-Schraubendampfer)
Märklin – Göppingen um 1912. An-
trieb: Uhrwerk oder Elektro-Motor.
Länge: 50 cm.
          DM 4500,– / DM 18 000,–

75 Flußdampfer „Möve"
Märklin – Göppingen um 1912. Antrieb: Uhrwerk. Märklin-Nr. 5034.
Länge: 51 cm.
DM 10 000,– / DM 38 000,–

75

76 Flußdampfer „Rhein"
Märklin – Göppingen um 1912. Antrieb: Uhrwerk. Märklin-Nr. 5033.
Länge: 40 cm.
DM 7000,– / DM 24 000,–

76

77 Segel-„Vollschiff"
Märklin – Göppingen um 1912. Antrieb: Uhrwerk. Märklin-Nr. 5025.
Länge: 91 cm.
DM 8000,– / DM 92 000,–

77

78 **Divisions-Torpedoboot**
Märklin – Göppingen um 1912. Mär-
klin-Nr. 5080/35. Antrieb: Uhrwerk.
Märklin-Nr. 5080/35D. Antrieb:
Dampf. Länge: 35 cm.
DM 1200,– / DM 8500,–

79

79 **Aviso „Greif"**
Schoenner – Nürnberg um 1906.
Schoenner-Nr. 827/2. Antrieb: Dampf.
Schoenner-Nr. 827/2U. Antrieb: Uhr-
werk. Länge: 72 cm.
DM 6500,– / DM 24000,–

80 **Aviso**
Schoenner – Nürnberg um 1906. Antrieb: Dampf – Zweizylinder – Doppel-
schrauben. Länge: 96 cm.
DM 15000,– / DM 48000,–

80

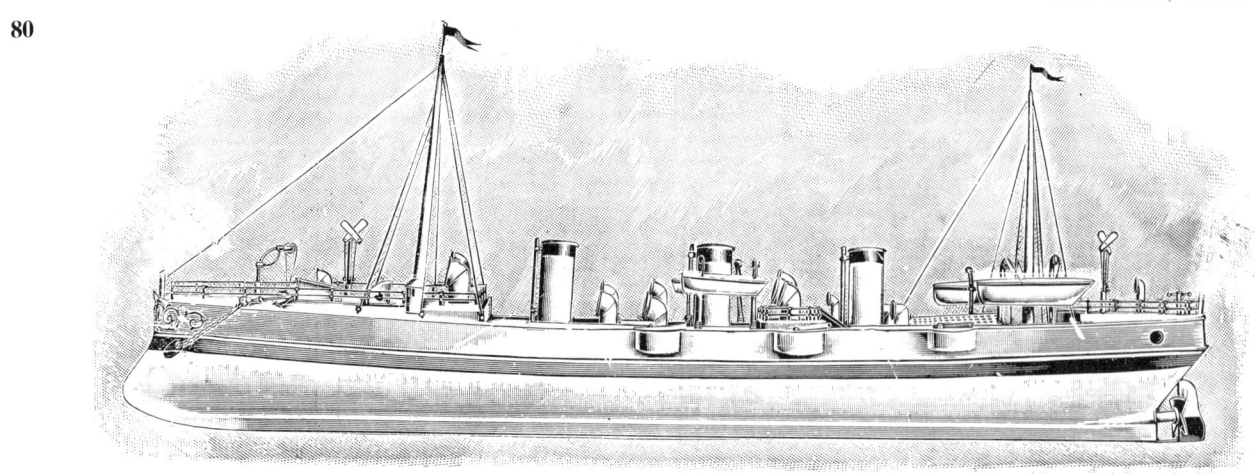

81 Ozeandampfer „Kaiser Wilhelm"
oder „Oceanic"
Bing – Nürnberg um 1906. Bing-Nr.
13077/3. Antrieb: Uhrwerk.
Bing-Nr. 13088/3. Antrieb: Dampf.
Länge: 85 cm.
DM 18 000,– / DM 68 000,–

81

82

82 Kanalboot („Leichter")
Bing – Nürnberg um 1906. Antrieb:
Uhrwerk, Bing-Nr. 13956. Länge: 55
cm.   DM 3500,– / DM 9500,–

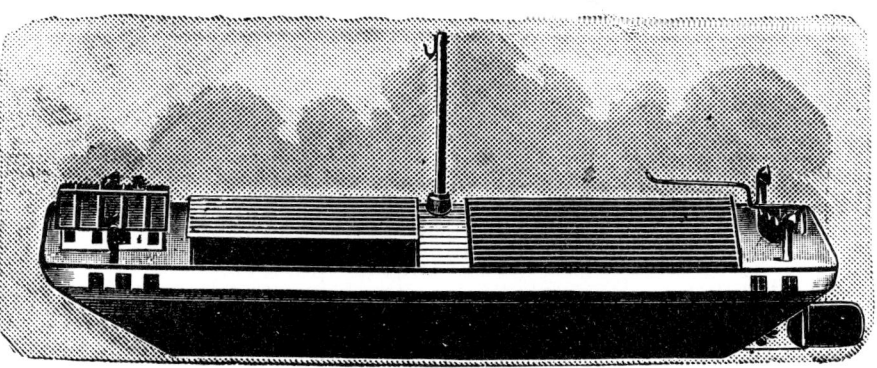

83   Kohlen-Dampfer
Bing – Nürnberg um 1906. Antrieb:
Uhrwerk, Bing-Nr. 13955. Länge:
58 cm.   DM 4000,–/DM 11000,–

83

84   Pinasse
Bing – Nürnberg um 1906. Antrieb:
Uhrwerk, Bing-Nr. 13075/5. Länge:
36 cm.   DM 1500,–/DM 6000,–

84

85   Segelboot
Bing – Nürnberg um 1906. Antrieb:
Uhrwerk, Bing-Nr. 7443. Länge:
40 cm.   DM 800,–/DM 5000,–
Ohne Uhrwerk, Bing-Nr. 7440.
                    DM 500,–/DM 4400,–

85

86 Flußdampfer
Plank – Nürnberg um 1905. Antrieb:
Dampf. Länge: 27 cm.
DM 900,–/DM 3600,–

86

87 Fluß-Raddampfer „Victoria"
Carette – Nürnberg um 1905. Antrieb:
Dampf. Länge: 65 cm.
DM 8500,–/DM 26000,–

87

88

88 Panzerkreuzer
Bing – Nürnberg um 1910. Antrieb:
Uhrwerk. Länge: 88 cm.
DM 6500,–/DM 18000,–

89   Panzerkreuzer
Carette – Nürnberg um 1906. Antrieb:
Uhrwerk. Länge: 72 cm.
                    DM 7000,–/DM 26 000,–

89

90   Raddampfer „Paris"
Bing – Nürnberg um 1905. Antrieb:
Uhrwerk, Bing-Nr. 3087. Länge: 50
cm.   DM 7000,–/DM 22 000,–

90

91   Salon-Boot
Plank – Nürnberg um 1903. Antrieb:
Uhrwerk oder Dampf.
Plank-Nr. 191, Dampf, Länge: 40 cm.
Plank-Nr. 491/1, Uhrwerk, Länge:
40 cm.   DM 7000,–/DM 19 000,–
Plank-Nr. 191/1, Dampf, Länge: 50 cm.
Plank-Nr. 429/2, Uhrwerk, Länge:
50 cm.   DM 8000,–/DM 22 000,–

91

92 Panzerschiff   92
Bing – Nürnberg um 1926. Antrieb:
Uhrwerk. Länge: 65 cm.
        DM 6 600,–/DM 16 000,–

93 Ozeandampfer, Doppelschraubendampfer   93
Bing – Nürnberg um 1926. Antrieb: Uhrwerk. In 4 verschiedenen Längen von
41 cm bis 100 cm. Bing-Nr. 10/334/16 – 100 cm.   DM 10 000,–/DM 42 000,–

94   Frachtdampfer
Schoenner – Nürnberg um 1905. Antrieb: Dampf der Uhrwerk. Länge: 45 cm.
Schoenner-Nr. 136/1 = Dampf
Schoenner-Nr. 136/1U = Uhrwerk
DM 3500,– / DM 8500,–

94

95   Kanonenboot
Schoenner – Nürnberg um 1905. Antrieb: Dampf oder Uhrwerk. Länge: 45 cm.
Schoenner-Nr. 136/2 = Dampf
Schoenner-Nr. 136/2U = Uhrwerk
DM 3500,– / DM 9000,–

95

96   Salon-Schraubendampfer
Schoenner – Nürnberg um 1905. Antrieb: Dampf oder Uhrwerk. Länge: 45 cm.
Schoenner-Nr. 136/3 = Dampf
Schoenner-Nr. 136/3U = Uhrwerk
DM 3500,– / DM 11000,–

96

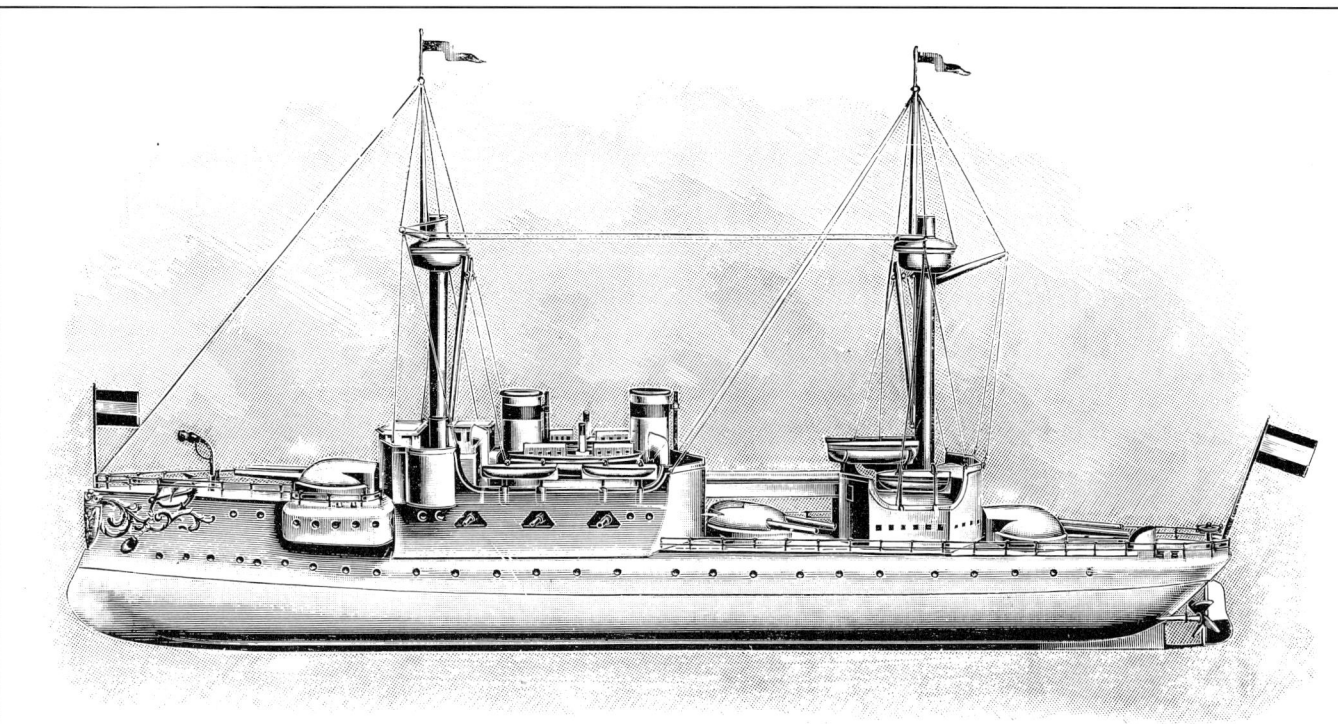

97 Panzerschiff, Doppelschrauben-Antrieb   **97**
Schoenner – Nürnberg um 1905. Antrieb: Dampf oder Uhrwerk. Länge: 96 cm.
Mit 8 Rettungsbooten und 2 Dampfpinassen.
Schoenner-Nr. 828/3 = Dampf
Schoenner-Nr. 828/3U = Uhrwerk   DM 15 000,– / DM 52 000,–

98 Panzerschiff
Schoenner – Nürnberg um 1905. An-
trieb: Dampf oder Uhrwerk. Länge:
72 cm.
Schoenner-Nr. 828/2 = Dampf
Schoenner-Nr. 828/2U = Uhrwerk
        DM 7000,– / DM 23 000,–   **98**

Plank – Nürnberg um 1902

99   Neue Electrische Schrauben-Boote
Plank-Nr. 180   DM 2000,–/DM   7000,–
Plank-Nr. 180/1   DM 3000,–/DM 11000,–

Original-Elemente

Chromsäure-Element

mit 2 Kohlen und 1 Zink
à Stück

Flaschen-Element
für Chromsäure.

Pariser System mit je 2 Kohlen
und 1 Zink.

No. 1 ohne Stellschraube à St.
»   2   »   »   »   »

Trocken-Element

18 cm hoch
à Stück

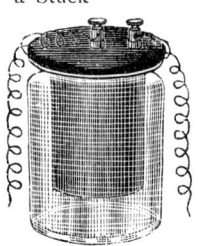

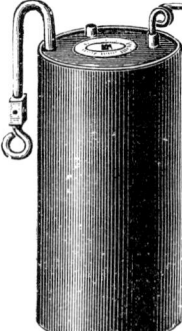

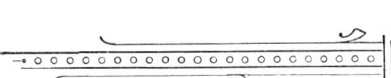

FABRIK-  MARKE.

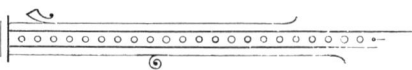

100 Torpedoboot
Märklin – Göppingen um 1912. An-
trieb: Uhrwerk, in 4 Baugrößen von
24 bis 55 cm.
Märklin-Nr. 5079/24 (cm)
                 DM 600,–/DM 2800,–
Märklin-Nr. 5079/55 (cm)
             DM 4000,–/DM 22 000,–

100

101 Rhein-Raddampfer „Loreley"
Märklin – Göppingen ab 1913 bis 1930.
Antrieb: Uhrwerk, Märklin-Nr.
5066/75. Länge: 75 cm.
            DM 9000,–/DM 42 000,–

101

102 Vergnügungs-Dampfer „Vedette"
Märklin – Göppingen um 1913. An-
trieb: Uhrwerk, Märklin-Nr. 5055.
Länge: 44 cm.
            DM 3000,–/DM 16 000,–

102

103

103   Amerikanisches Schleppboot mit Rettungsboot oder Kohlenkahn
Staudt – Nürnberg um 1907. Antrieb: Uhrwerk. In vier Größen gebaut. Staudt-
Nr. 3316, Länge: 35 cm.   DM 3000,– / DM 9000,–

104   Schlachtkreuzer
Fleischmann – Nürnberg ab 1908. Noch 1936 mit Detail-Änderungen im Programm. Antrieb: Uhrwerk. In fünf Größen gebaut. Fleischmann-Nr. 640/65,
104   Länge: 65 cm.   DM 4000,– / DM 18000,–

Bodenläufer

Hess – Nürnberg
ab ca. 1900, viele Jahre gebaut.

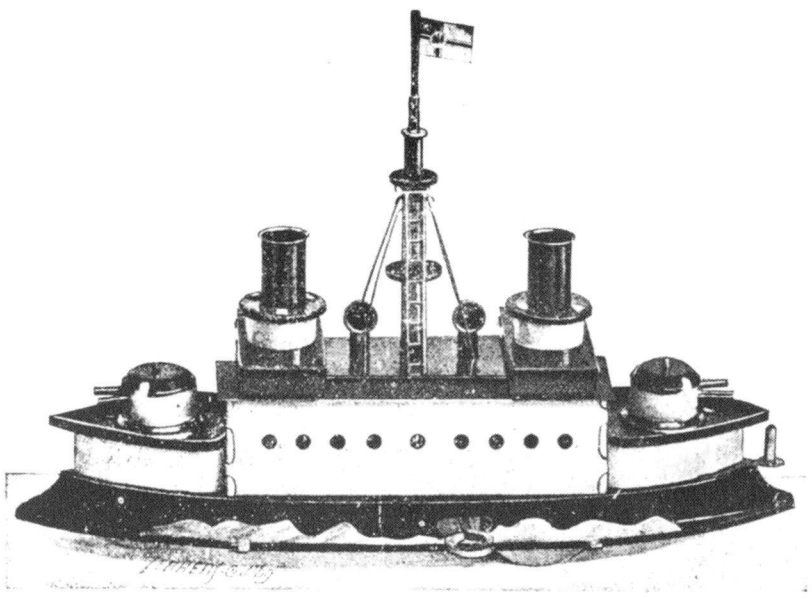

105 Kriegsschiff
Antrieb: Uhrwerk. Länge: 21 cm.   DM 300,–/DM 850,–

106 Salondampfer
Antrieb: Uhrwerk. Länge: 20 cm.   DM 300,–/DM 950,–

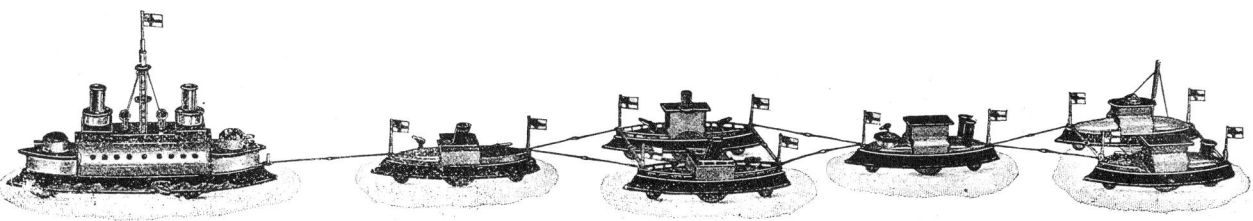

107 „Flotte"
Kriegsschiff (wie Pos. 105) mit Uhrwerk-Antrieb, zieht antriebslose kleinere
Kriegsschiffe, durch Drähte verbunden.   DM 800,–/DM 2900,–

Electrische Schiffe und Accumulatoren.

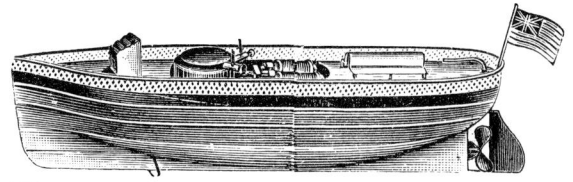

108

No. 530. ## Electrisches Schrauben-Boot

Dynamo-Motor mit 3 fachem T-Anker und Element im Schiffsrumpf verborgen, 44 cm lang mit verstellbarem Steuer, Flagge und Zubehör.

Preis complett *M.* **10.—**

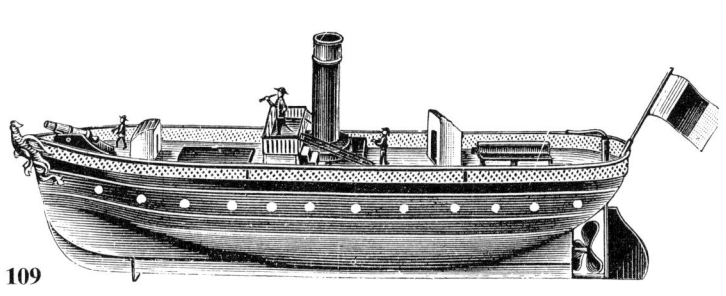

109

No. 531. ## Electrisches Schrauben-Boot

Dynamo-Motor mit 3 fachem T-Anker und Element im Schiffsraum verborgen, 55 cm lang und Zubehör.

Preis complett *M.* **16.—**

No. 532. do. wie No. 531, 55 cm lang, mit Kanone, verstellbarem Steuer, Figuren, Schlot und Flagge zum Abnehmen und Zubehör.

Preis complett *M.* **17.60**

110

No. 533. ## Electrisches Schraubenschiff

mit Mast-Takellage, Figuren, Schlot, Flagge, alles zum Abnehmen, verstellbares Steuer, 69 cm lang, sehr solid und geschmackvoll ausgeführt und Zubehör.

Preis complett *M* **22.—**

Hersteller Klein – Nürnberg (Original-Katalogseite)
Stromversorgung mit „Taschen-Accu. in Hartgummi"

108	Klein-Nr. 530	DM 400,–/DM 1200,–
109	Klein-Nr. 531/2	DM 800,–/DM 5000,–
110	Klein-Nr. 533	DM 1500,–/DM 8000,–
	um 1912	

111   Seebäderdampfer
Bing – Nürnberg um 1910. Antrieb:
Uhrwerk. Länge: 36 cm.
　　　　　DM 2000,–/DM 6500,–

111

112

112   Kanonenboot
Bing – Nürnberg um 1910. Antrieb:
Uhrwerk. Länge: 17 cm.
　　　　　DM 350,–/DM 1200,–

113 Sutcliffe – England
1920 bis 1955. Antrieb: Uhrwerk.
Länge: 32 cm. DM 200,–/DM 800,–
Von diesem Schiff wurde 1977 auf Ver-
anlassung eines der beiden Autoren
dieses Buches mit den alten Original-
werkzeugen eine Neuauflage von ca.
200 Stück hergestellt. DM 250,–

113

114

114 Fährschiff nach USA-Vorbild
Bing – Nürnberg um 1925. Antrieb:
Uhrwerk. Länge: 52 cm.
DM 5000,–/DM 22 000,–

Märklin-Boote
mit „Mysteriös"-Antrieb

Originaltext: „Heißluftbehälter mit Spiritusheizung. Die erhitzte Luft verdrängt das in den Auspuffröhrchen befindliche Wasser, wodurch ohne jede mechanische Mittel eine langandauernde Fortbewegung des Schiffes erzielt wird. Mit verstellbarem Steuer."

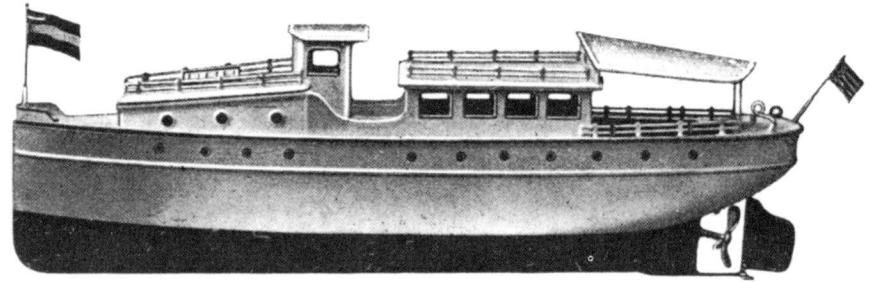

115

115 Verkehrsboot
Märklin-Nr. 5061/23M
DM 400,– / DM 1100,–
Märklin-Nr. 5061/29M
DM 600,– / DM 1800,–
Märklin-Nr. 5061/40M
DM 1200,– / DM 5200,–

116

116 Motorbeiboot
Märklin-Nr. 5100/12M
DM 150,– / DM 700,–
Märklin-Nr. 5100/24M
DM 500,– / DM 1500,–

Die Zahl vor dem „M" bezeichnet jeweils die Länge in cm. Das Verkehrsboot wurde auch ohne den Zusatz „M" mit Uhrwerk-Antrieb geliefert.
Der „Mysteriös"-Antrieb wurde ab Mitte der zwanziger Jahre bis Ende der dreißiger Jahre gebaut und galt als nicht sehr funktionssicher. Nach dem Krieg wurden die sogenannten „Knatterbötchen" (mit Kerze) mit diesem Antrieb in vereinfachter Form ein populäres (Badewannen-)Spielzeug.

Arnold-Schiffe und Boote

In großer Vielfalt über viele Jahre gebaut, um 1920 bis Mitte der fünfziger Jahre.

117

118

117   Ozeandampfer
Serie 750, in sechs Baugrößen,
Arnold-Nr. 750/4 – Länge: 30 cm.
                    DM 900,–/DM 4200,–
Arnold-Nr. 750/8 – Länge: 50 cm.
                    DM 1400,–/DM 6500,–

118   Kriegsschiffe
Serie 600, in drei Baugrößen, Arnold-
Nr. 600/6 – Länge: 40 cm.
                    DM 1100,–/DM 4800,–

119

119   Raddampfer
Serie 1200, in fünf Baugrößen, Arnold-
Nr. 1204 – Länge: 40 cm.
                    DM 1500,–/DM 6600,–
Alle Schiffe mit Uhrwerkantrieb.

Fortsetzung Arnold-Schiffe und Boote
– alle Schiffe und Boote mit Uhrwerk-Antrieb

120   Rennboote
Mit Spiralfeder/Kurbelaufzug (obere Reihe) in 3 Größen.
Mit Uhrwerk/Schlüsselaufzug (unten) in 4 Größen.
Arnold-Nr. 1000/0 oder 1016, 22 cm.   DM 350,–/DM 1200,–
Arnold-Nr. 1000/2 oder 1017/2, 28 cm.   DM 500,–/DM 2200,–

121   „Außenbord"-Motorboot mit ste-
hendem Sportler
                DM 300,–/DM 2800,–

Fortsetzung Arnold-Schiffe und Boote
– alle Schiffe und Boote mit Uhrwerk-Antrieb

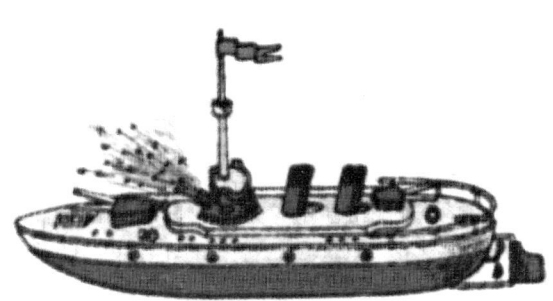

122

123

Schiffe mit Reibrad/Feuerstein-Funkeneffekt

122
Arnold-Nr. 1644, 24 cm.   DM 400,–/DM 1200,–

123
Arnold-Nr. 1645, 30 cm.   DM 500,–/DM 1800,–
(Es wurden auch Bodenläufer-Schiffe mit diesem Effekt hergestellt.)

124

124   Rennboot
Motor Funken sprühend, in zwei
Größen hergestellt. Länge: 25,5 cm.
DM 400,–/DM 1200,–

Fortsetzung Arnold – Besonderheiten

125

125   Ruderboot
Aus Blech mit Ruderer und Steuermann (26,5 cm)
Länge: 20 cm.   DM 400,–/DM 1800,–
Länge: 26,5 cm.   DM 500,–/DM 2400,–

126

126   Indianer im Kanu
Aus Blech. Länge: 21 cm.
DM 400,–/DM 2000,–
Beide Modelle mit Uhrwerk-Antrieb

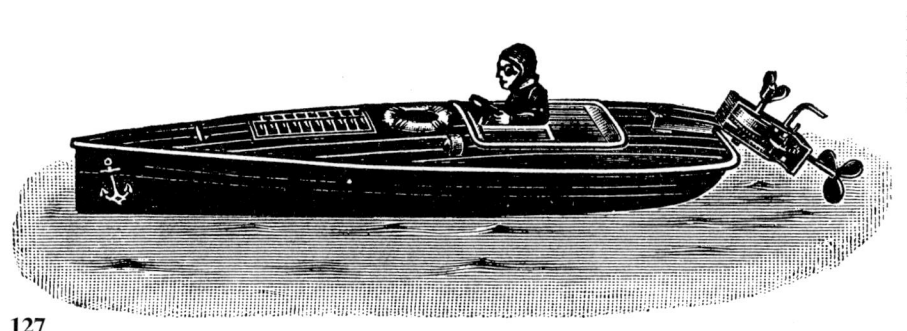

127 Rennboot
Einfalt – Nürnberg um 1935. Mit ab-
nehmbaren Uhrwerk-Außenbord-Mo-
tor.   DM 300,–/DM 900,–

127

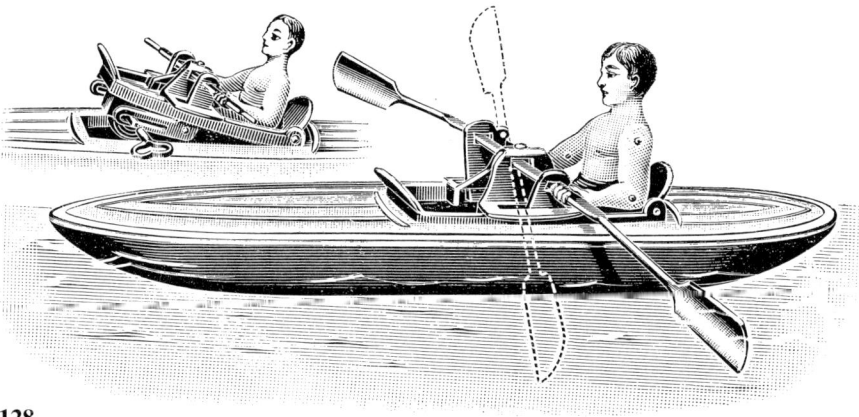

128 Ruderer
Einfalt – Nürnberg um 1935. Mit Uhrwerk-Antrieb.   DM 400,–/DM 1200,–

128

129 Rennboot
Kellermann – Nürnberg um 1935. Mit
Uhrwerk-Antrieb (Außenbord-Motor).
Länge: 37 cm.   DM 500,–/DM 1800,–

129

130

130 Taucher mit elektr. Lampe und
Luftschlauch mit Pumpenball
Fleischmann – Nürnberg um 1936, noch
im Katalog. Fleischmann-Nr. 250/19E.
Höhe: 19 cm.   DM 400,–/DM 2800,–

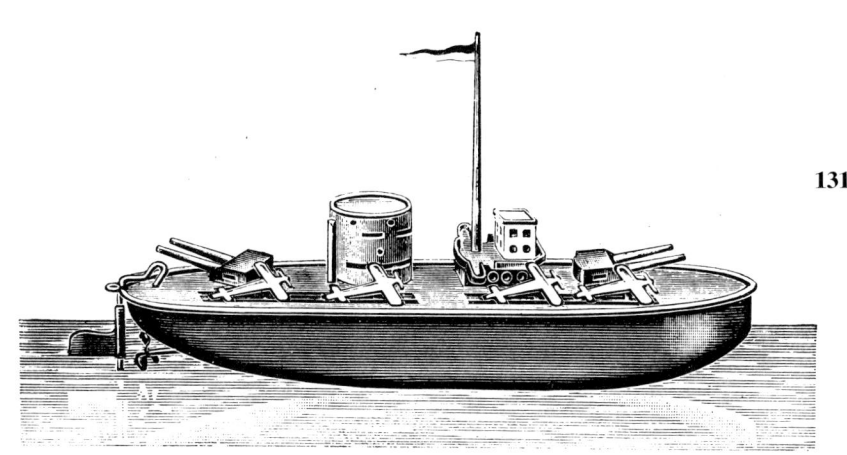

131

131 Flugzeug-Mutterschiff (Original-Bezeichnung) mit vier Flugzeugen
Fleischmann – Nürnberg um 1936. Antrieb: Uhrwerk. Länge: 26 cm.
DM 400,–/DM 1800,–

132

133

132 Torpedoboot
Märklin – Göppingen etwa 1928–1939
im Programm. Antrieb: Uhrwerk.
Märklin-Nr. 5079/24. Länge: 24 cm, mit
2 Schornsteinen.
DM 600,–/DM 2700,–

133 Torpedoboot
wie 132.
Märklin-Nr. 5079/30. Länge: 30 cm, mit
3 Schornsteinen.
DM 800,–/DM 3800,–

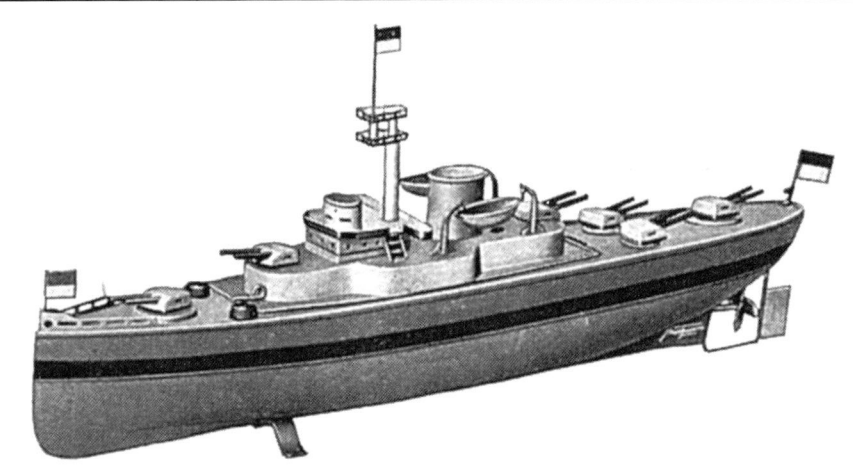

134

134   Kreuzer
Fleischmann – Nürnberg um 1938 –
noch 1955 gebaut. Antrieb: Uhrwerk,
Fleischmann-Nr. 857. Länge: 52 cm.
DM 900,–/DM 4200,–

135

135   Tankboot
Fleischmann – Nürnberg um 1936. An-
trieb: Uhrwerk. Fleischmann-Nr. 325.
Länge: 26 cm.   DM 250,–/DM 900,–

136 oben, 137 unten

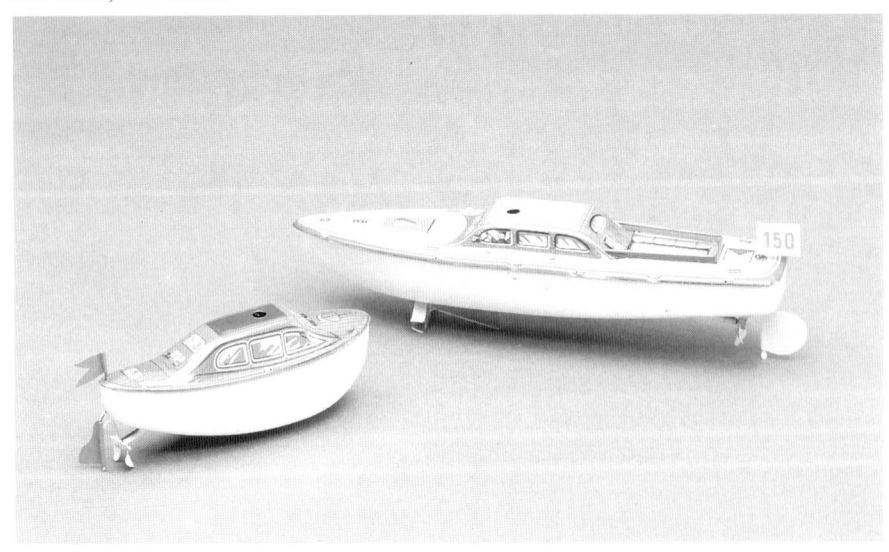

Rennboote
Fleischmann – Nürnberg ab 1936 bis
nach 1960 im Programm. Antrieb: Uhrwerk.

136
Fleischmann-Nr. 800, Länge: 12 cm.
DM 15,–/DM 50,–

137
Fleischmann-Nr. 880/22,Länge: 22 cm.
DM 50,–/DM 250,–

TRIX-Nürnberg Boote und Schiffe

mit Uhrwerk und Elektro-Antrieb

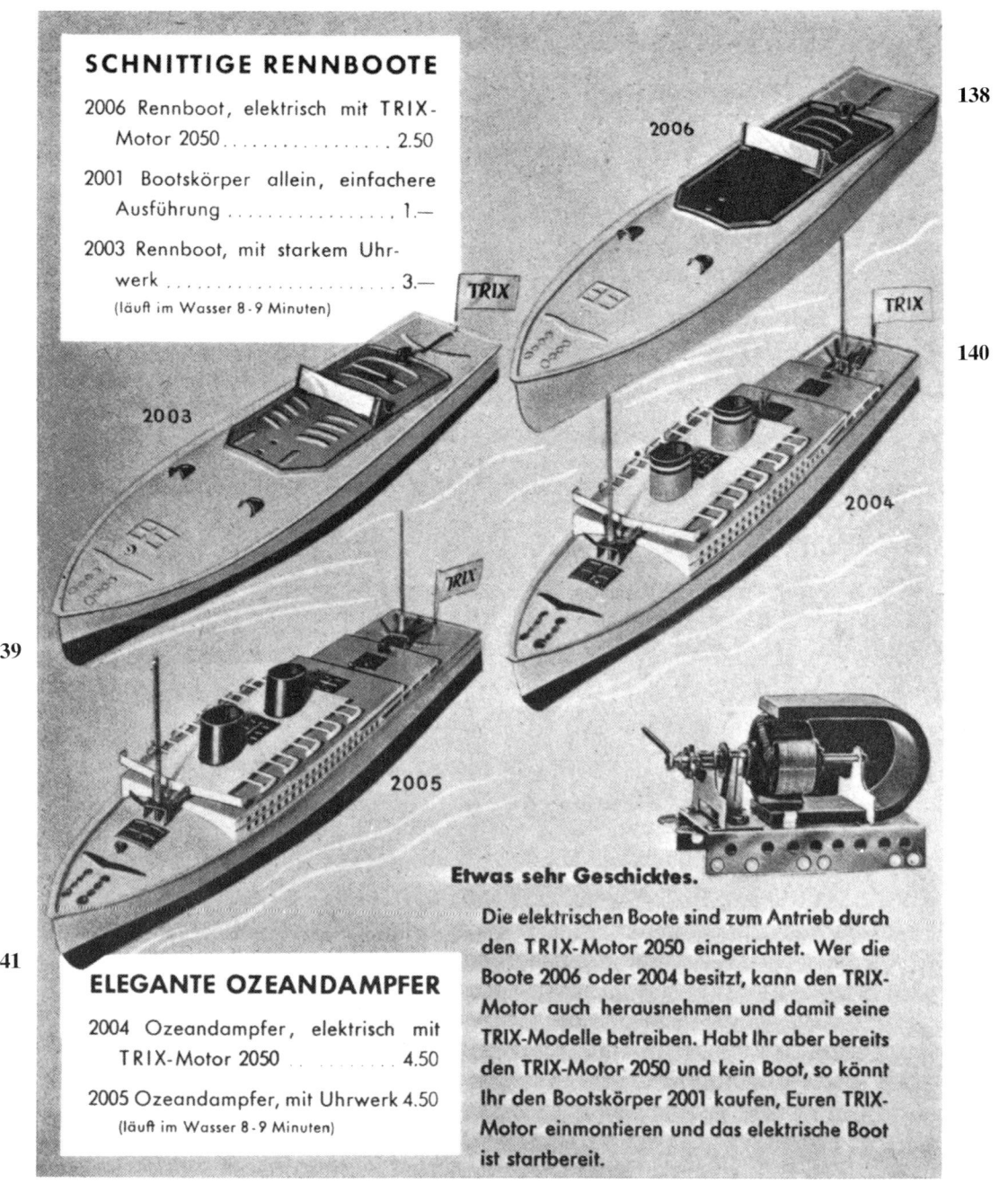

SCHNITTIGE RENNBOOTE

2006 Rennboot, elektrisch mit TRIX-
Motor 2050 . . . . 2.50

2001 Bootskörper allein, einfachere
Ausführung . . . . 1.—

2003 Rennboot, mit starkem Uhr-
werk . . . . 3.—
(läuft im Wasser 8·9 Minuten)

Etwas sehr Geschicktes.

Die elektrischen Boote sind zum Antrieb durch
den TRIX-Motor 2050 eingerichtet. Wer die
Boote 2006 oder 2004 besitzt, kann den TRIX-
Motor auch herausnehmen und damit seine
TRIX-Modelle betreiben. Habt Ihr aber bereits
den TRIX-Motor 2050 und kein Boot, so könnt
Ihr den Bootskörper 2001 kaufen, Euren TRIX-
Motor einmontieren und das elektrische Boot
ist startbereit.

ELEGANTE OZEANDAMPFER

2004 Ozeandampfer, elektrisch mit
TRIX-Motor 2050 . . . . 4.50

2005 Ozeandampfer, mit Uhrwerk 4.50
(läuft im Wasser 8·9 Minuten)

138 und **139**
DM 200,–/DM 850,–

140 und **141**
DM 200,–/DM 1100,–

Alle Modelle basieren auf dem gleichen
Rumpf. Original-Katalog-Seite 1937/38.

142

142   Frachter
Fleischmann – Nürnberg um 1955. Antrieb: Uhrwerk. Länge: 39 cm. Fleischmann-Nr. 860/39

DM 400,–/DM 2200,–

143

143   Ausflugdampfer
Fleischmann – Nürnberg um 1955. „Ge-
naues Modell eines Binnenseedampfers
neuester Bauart" (Original-Katalogtext)
Antrieb: Uhrwerk. Länge: 27 cm.
Fleischmann-Nr. 854

DM 350,–/DM 1100,–

144

144   Schleppdampfer
Fleischmann – Nürnberg um 1955. Antrieb: Uhrwerk. Länge: 26 cm. Fleischmann-Nr. 820   DM 350,–/DM 1100,–

Schuco – Submarino

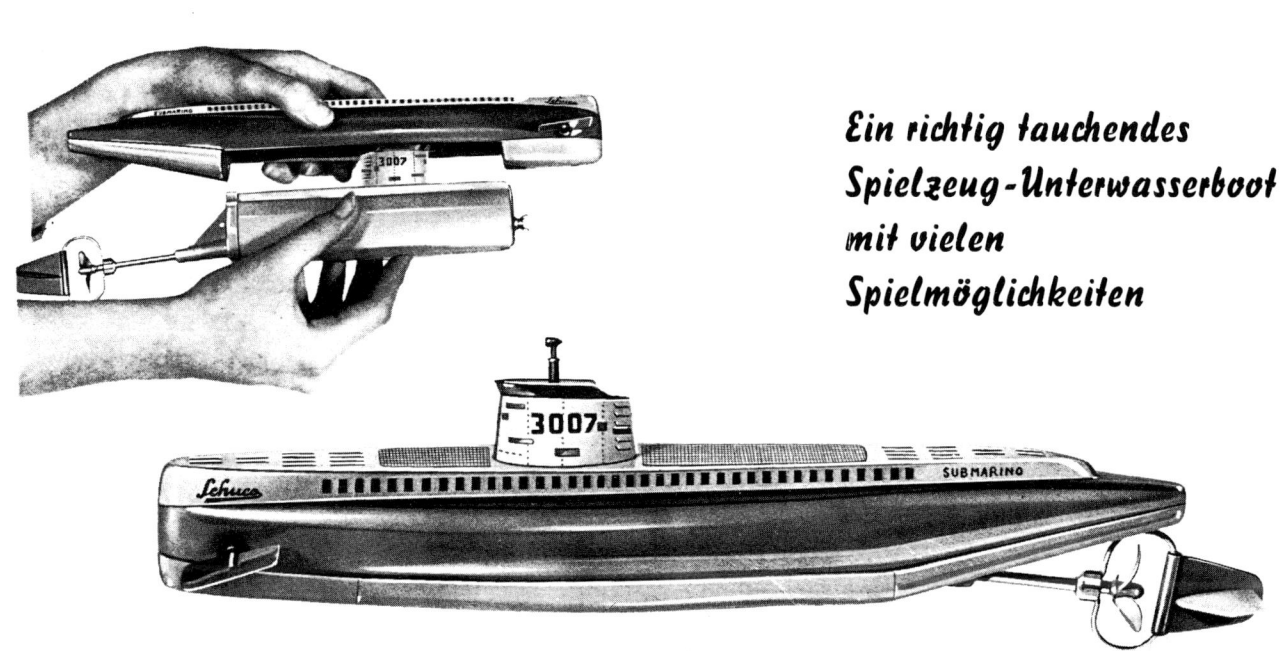

Ein richtig tauchendes Spielzeug-Unterwasserboot mit vielen Spielmöglichkeiten

3007 SCHUCO-SUBMARINO, ein neuer Typ auf dem Gebiet der Unterwasserboote mit verstellbaren Tiefen- und Seitenrudern. Je nach Einstellung des Tiefenruders ist es

1. als **Überwasserboot**
2. als **wechselnd tauchendes und wieder auftauchendes**
   oder aber
3. als **Dauertauchboot**
   zu verwenden.

Völlig neu ist das herausnehmbare Mittelstück mit dem darin gelagerten und bei Bedarf austauschbaren Federwerk. Es ist dadurch erstmals möglich, nach dem Spiel das weitgehend gegen Verrostung geschützte Federwerk zu lüften und auszutrocknen. Auch bei einem eventuellen Federwechsel läßt sich das Werk leicht austauschen. Keine Lötstellen! Ausführung in Plastic und Metall kombiniert, solides Federwerk, farbige Stückpackung. Länge 33,5 cm. Gewicht 225 g.

145   Unterseeboot
Schuco – Nürnberg 1963–1975. Antrieb: Uhrwerk. Gemischt-Bauweise Metall/
Plastic, Farben Rot und Grau. Länge: 34 cm.   DM 200,–/DM 350,–
Späteres Modell „Elektro-Submarino", ab 1975 Schuco-Nr. 5552, Elektromotor,
Farben Gelb und Grau.   DM 150,–/DM 300,–

146   Motorboot (oben)
Seidel – Zirndorf („System Lorenz"),
Nachkriegszeit, „Knatterbötchen" so
genannt wegen des „Auspuff"-Geräu-
sches. Antrieb: Wasser wird im Rohrsy-
stem durch Kerze erwärmt und ausge-
stoßen. Länge: 17 cm. Nahezu neuwertig: DM 80,–
Davor heutiges Modell aus Fernost.

146
147 oben, 148 unten

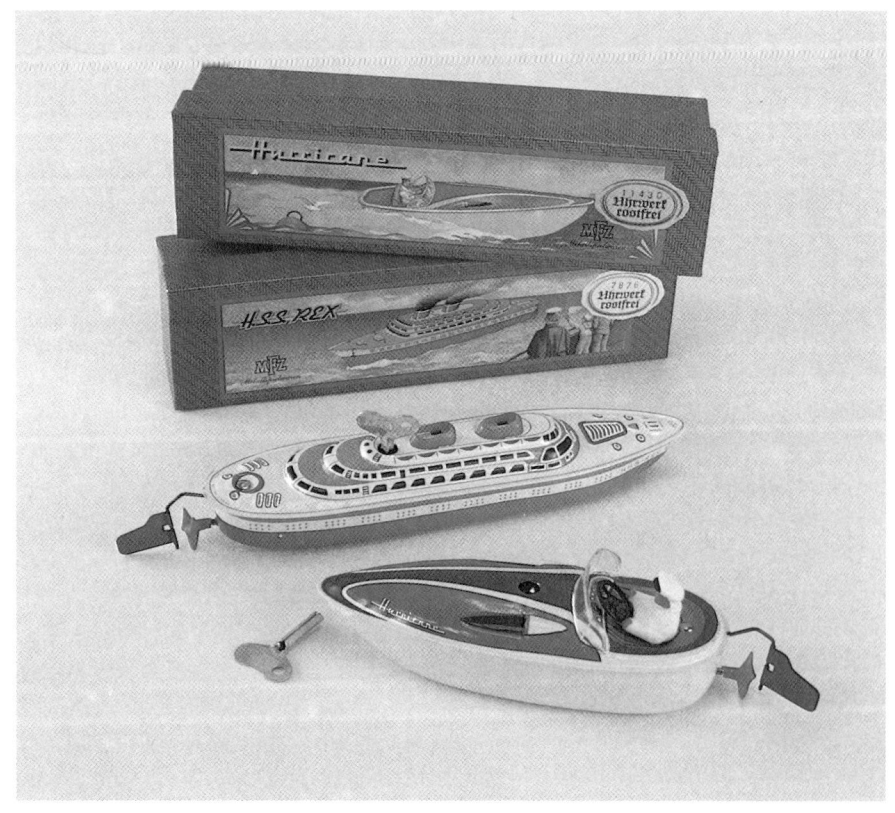

147   Passagierdampfer
Fuchs – Zirndorf, 1984. Antrieb: Uhrwerk. Länge: 24 cm.

148   Motorboot
Fuchs – Zirndorf, 1984. Antrieb: Uhr-
werk. Länge: 18 cm. Optisch stark an-
gelehnt an Bild 146.
Jedes Modell neuwertig im numerierten
Originalkarton mit MS-Schlüssel.
                                        DM 50,–

Katalog
Flugkörper

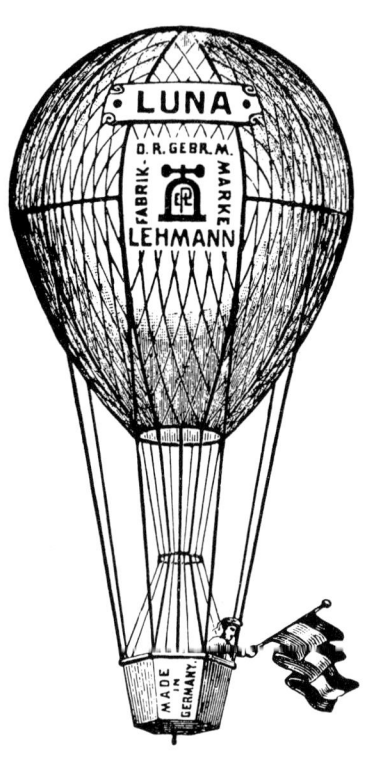

149   Heißluftballon mit Fallschirm-
      springer
Eberl – Nürnberg um 1906. Antrieb:
Uhrwerk. Gesamtlänge: 36 cm.
                    DM 500,–/DM 2600,–

150   Ballonkarussell
Plank – Nürnberg um 1905. Dampfma-
schinen-Antriebsmodell. Ballon-Durch-
messer: 8 cm.   DM 500,–/DM 1800,–

151   Heißluftballon „Luna"
Lehmann – Brandenburg um 1905 (frü-
heres Modell: „Mars", vor 1900). Antrieb: Schnurzug. Höhe: 14,5 cm.
                    DM 500,–/DM 1800,–

152 Starres Luftschiff
Eberl – Nürnberg um 1906. Antrieb:
Uhrwerk. Länge: 17,5 cm.
                    DM 300,–/ DM 1200,–

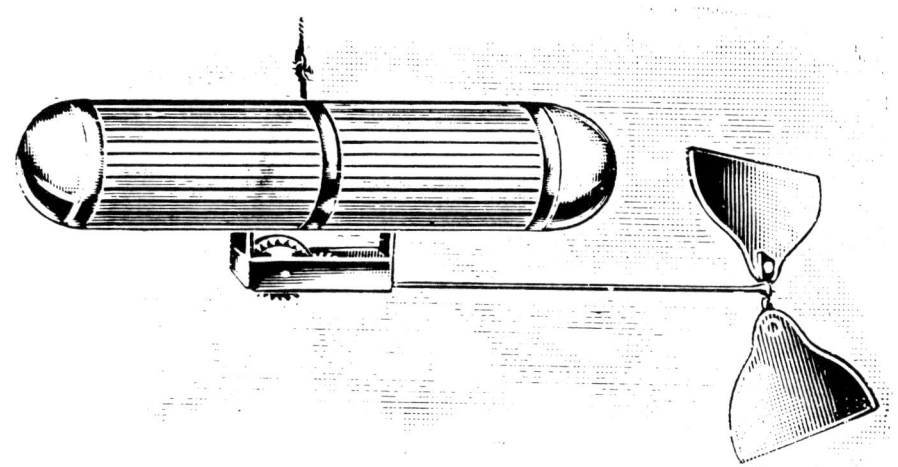

153 Starres Luftschiff
Eberl – Nürnberg um 1906. Antrieb:
Uhrwerk. Länge: 18,5 cm.
                    DM 400,–/ DM 1400,–

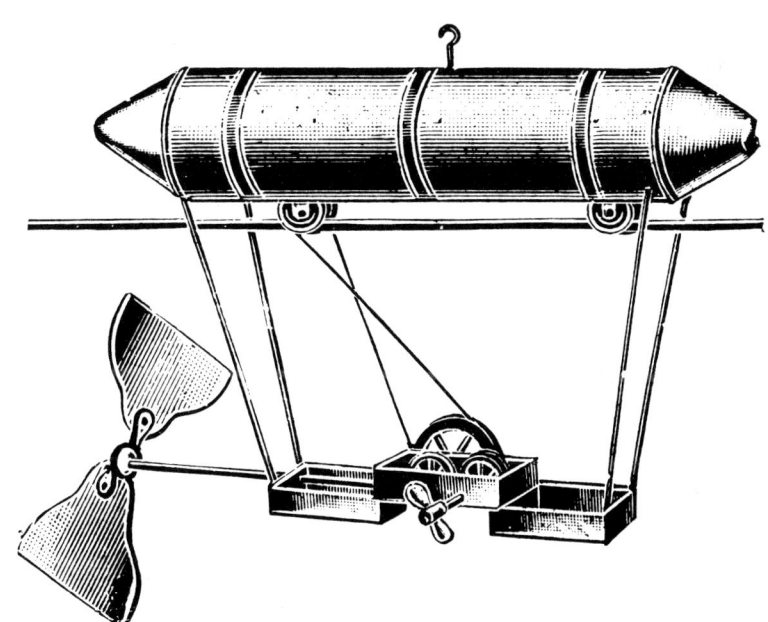

154 Starres Luftschiff
Eberl – Nürnberg um 1906. Antrieb:
Uhrwerk. Längen: 12, 25, 31 und
41,5 cm.
Länge: 12 cm.   DM 150,–/ DM 800,–
Länge: 41,5 cm.   DM 1000,–/ DM 4500,–

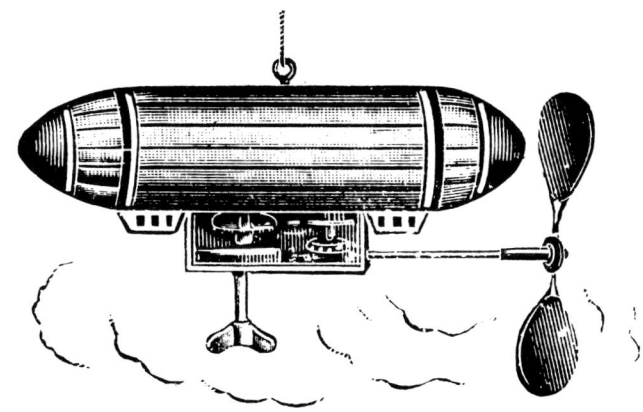

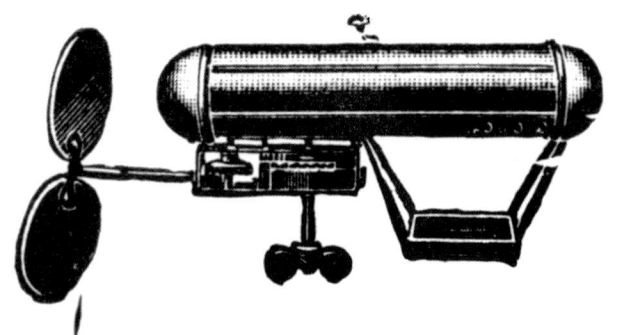

155   Parseval-Luftschiff
Carette – Nürnberg um 1910. Antrieb:
Uhrwerk. Länge: 14 cm.
DM 300,–/DM 1200,–

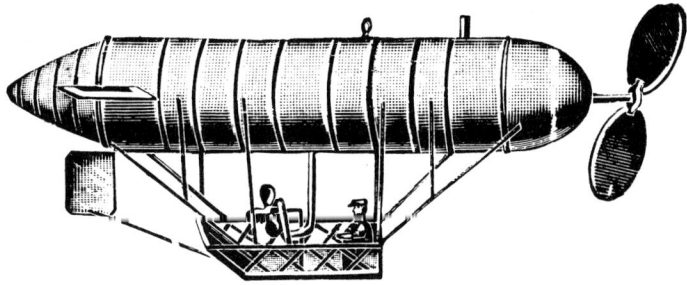

156   Parseval-Luftschiff
Carette – Nürnberg um 1910. Antrieb:
Uhrwerk. Länge: 28 cm.
DM 900,–/DM 4500,–

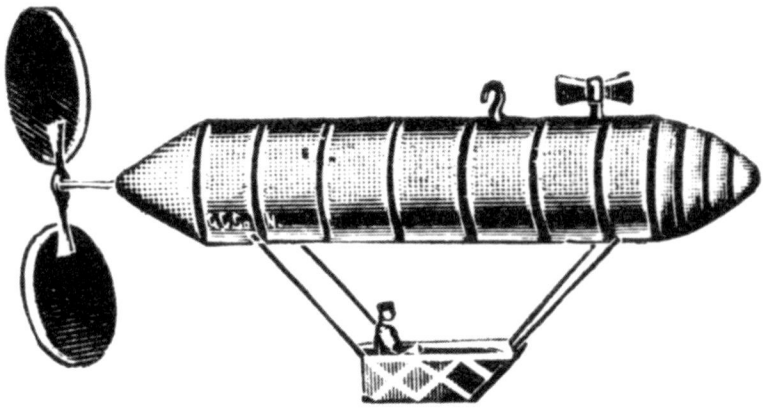

157   Parseval-Luftschiff
Carette – Nürnberg um 1910. Antrieb:
Uhrwerk. Länge: 20 cm.
DM 500,–/DM 2200,–

158 Zeppelin
Carette – Nürnberg um 1910. Antrieb:
Uhrwerk. Länge: 36 cm.
DM 1400,–/DM 8500,–

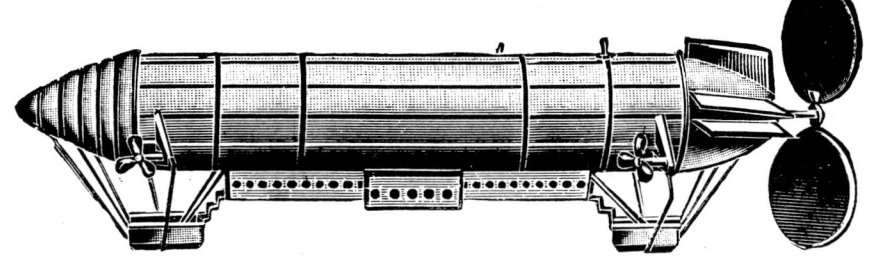

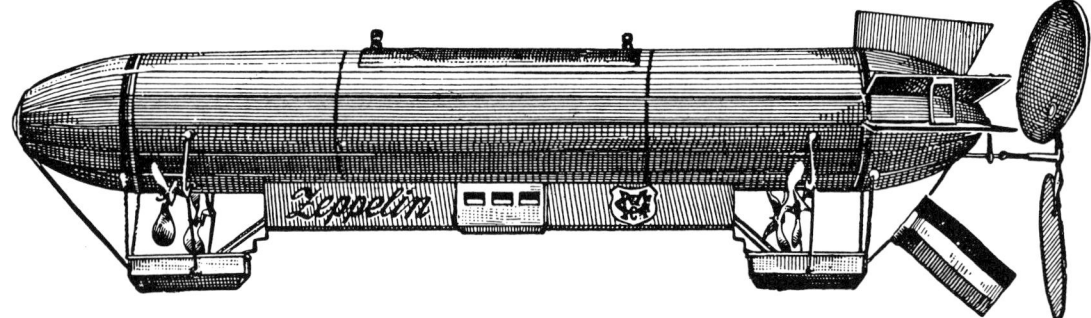

159 Zeppelin
Märklin – Göppingen um 1909. An-
trieb: Uhrwerk, verschiedene Größen
von 23 bis 43 cm.
Märklin-Nr. 5400 Länge: 23 cm.
DM 500,–/DM 2400,–
Märklin-Nr. 5404 Länge: 43 cm.
DM 2000,–/DM 12 000,–

160 Zeppelin EPL II
Lehmann – Brandenburg ab 1912. An-
trieb: Uhrwerk. Länge: 28 cm.
DM 800,–/DM 3800,–
(EPL I, Länge: 19 cm, ab 1910 gebaut)

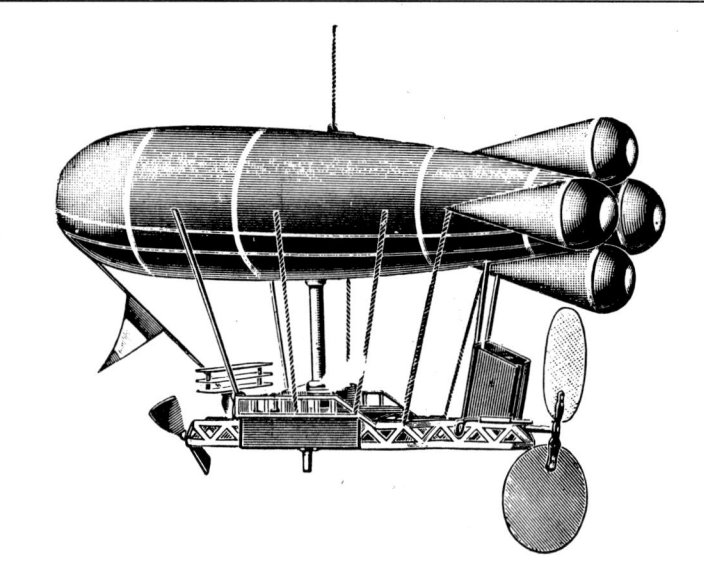

161   Luftschiff „Bayard Clément"
(Halbstarr)
Märklin – Göppingen um 1908. An-
trieb: Uhrwerk.
Märklin-Nr. 5408 Länge: 28 cm.
                   DM 1100,–/DM 7500,–
Märklin-Nr. 5410 Länge: 40 cm.
                   DM 2000,–/DM 12 000,–

162   Luftschiff – Halle auf Pontons
Märklin – Göppingen um 1908.
Märklin-Nr. 5430/2 Länge: 31 cm.
                   DM 3000,–/DM 14 000,–
Märklin-Nr. 5430/4 Länge: 44 cm.
                   DM 4000,–/DM 18 000,–

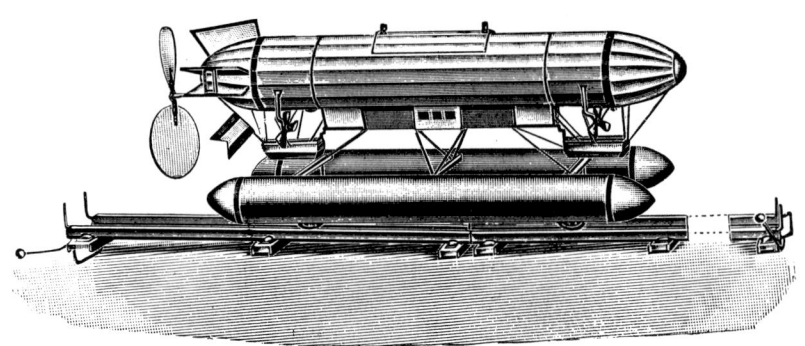

163   Pontons für Luftschiffe
Pontons mit Rädern auf Schienen „zur
Landung an Land", Schienen Spur I.
Märklin – Göppingen um 1908.
Märklin-Nr. 5432/2 Länge: 70 cm.
                   DM 800,–/DM 4000,–
Märklin-Nr. 5432/4 Länge: 87 cm.
                   DM 1000,–/DM 5500,–

164 Blériot Monoplane freifliegend.
Bing – Nürnberg um 1908. Antrieb:
Gummi-Schnur. Spannweite: 32 cm.
DM 1200,–/DM 5500,–

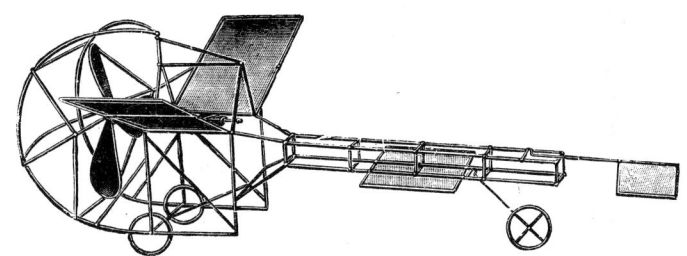

165 Modell-Flugapparat „Autoplan"
Bing – Nürnberg um 1912. Mit Druck-
luft-Antrieb, freifliegend. Spannweite:
50 cm.   DM 1200,–/DM 7500,–

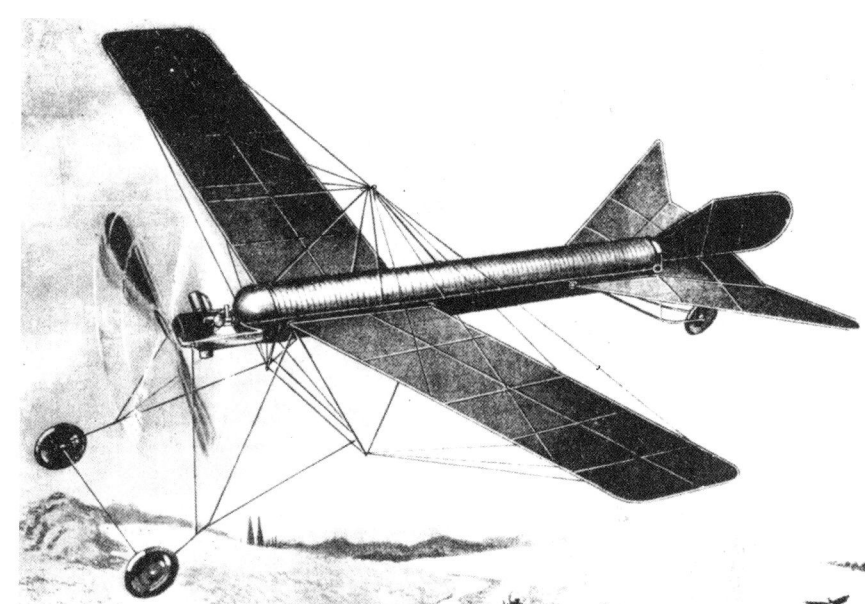

**166 Doppeldecker mit 3 Schwimmern
„Hydroplan-Aérona"**
Freifliegend, vom Wasser startend.
Bing – Nürnberg um 1912. Antrieb:
Gummi-Schnur. Spannweite: 44 cm.
DM 2000,–/DM 14000,–

167   Drachenflieger (Orig.-Text)
Märklin – Göppingen um 1908. Antrieb: Uhrwerk. Spannweite: 30 cm.
Märklin-Nr. 5416.
                    DM 3000,–/DM 14 000,–

168   Drachenflieger
Märklin – Göppingen um 1908. Antrieb: Uhrwerk. Spannweite: 32 cm.
Märklin-Nr. 5417.
                    DM 4000,–/DM 18 000,–

169   Drachenflieger
Märklin – Göppingen um 1908. Antrieb: Uhrwerk. Spannweite: 44 cm.
Märklin-Nr. 5418.
                    DM 6000,–/DM 26 000,–
Drachen und Steuerflächen aus Zelluloid.

170 Doppeldecker Gebr. Wright
Carette – Nürnberg um 1910. Antrieb:
Uhrwerk. Spannweite: 16 cm.
                    DM 800,–/DM 4000,–

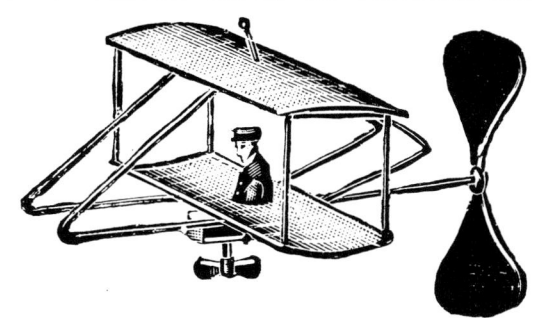

171 Doppeldecker Gebr. Wright
Carette – Nürnberg um 1910. Antrieb:
Uhrwerk. Spannweite: 22 cm.
                    DM 1200,–/DM 6400,–

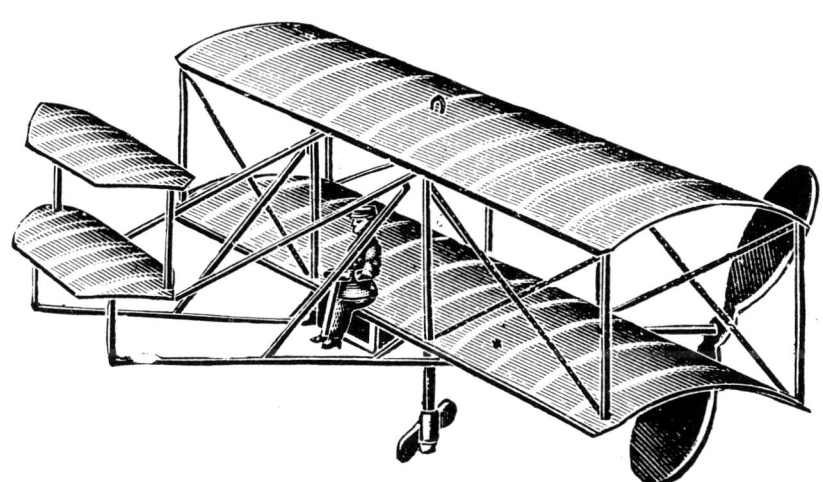

172 Doppeldecker Gebr. Wright
Carette – Nürnberg um 1910. Antrieb:
Uhrwerk. Spannweite: 18 cm.
                    DM 1000,–/DM 5800,–

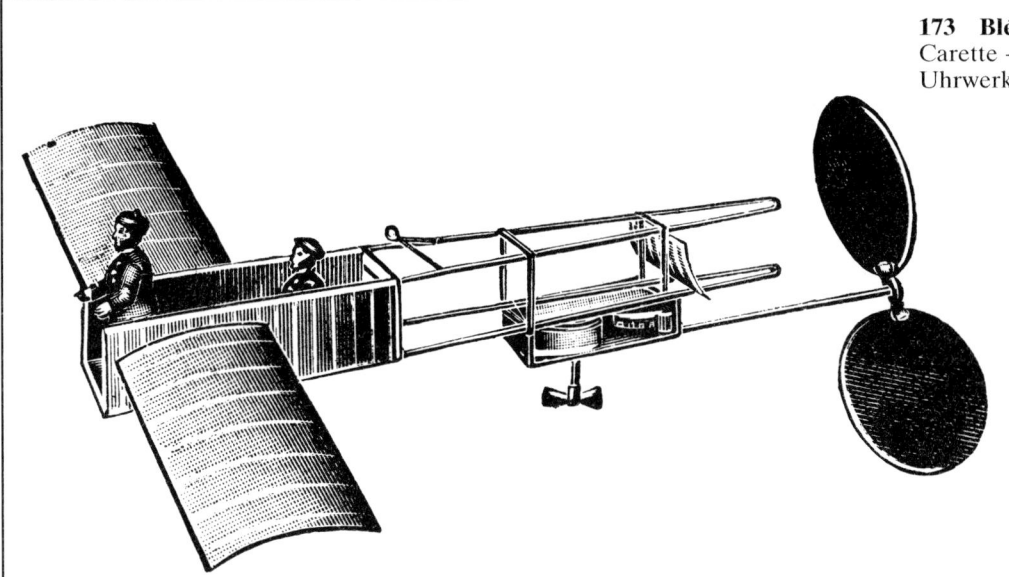

173 Blériot-Eindecker
Carette – Nürnberg um 1910. Antrieb:
Uhrwerk. Spannweite: 23 cm.
DM 900,–/DM 4500,–

174 Blériot-Eindecker
Carette – Nürnberg um 1910. Antrieb:
Uhrwerk. Spannweite: 14 cm.
DM 700, /DM 3600,

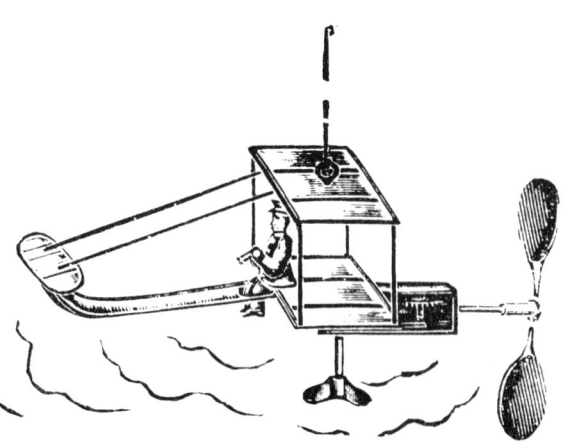

175 Doppeldecker
Eberl – Nürnberg um 1906. Antrieb:
Uhrwerk. Spannweite: 30 cm.
DM 1200,–/DM 6800,–
(in 4 Größen geliefert)

176 Eindecker
Distler – Nürnberg um 1925. Spannweite: 25 cm.   DM 400,–/DM 1200,–

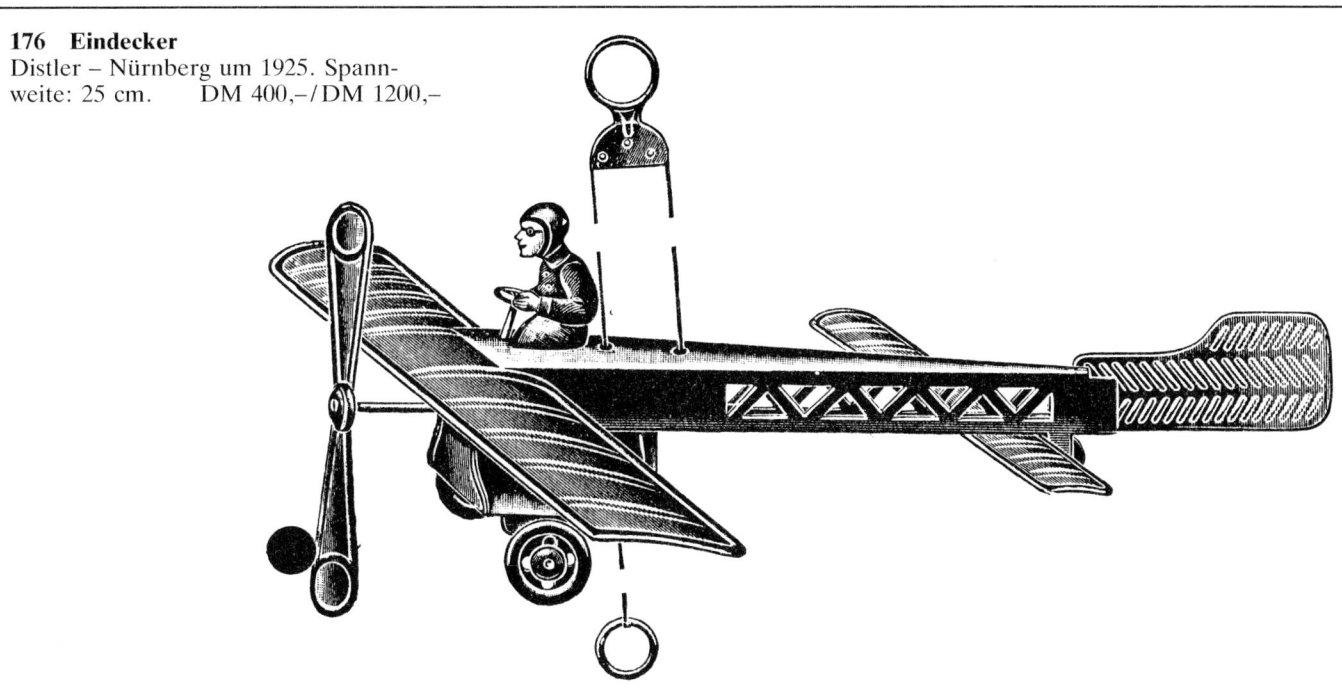

177 Hangar, „Fliegerstation", 36 × 26 × 9 cm
Diestler – Nürnberg um 1925 (ohne Flugzeug).
(wurde mit und ohne Flugzeug geliefert)
                DM 150,–/DM 650,–

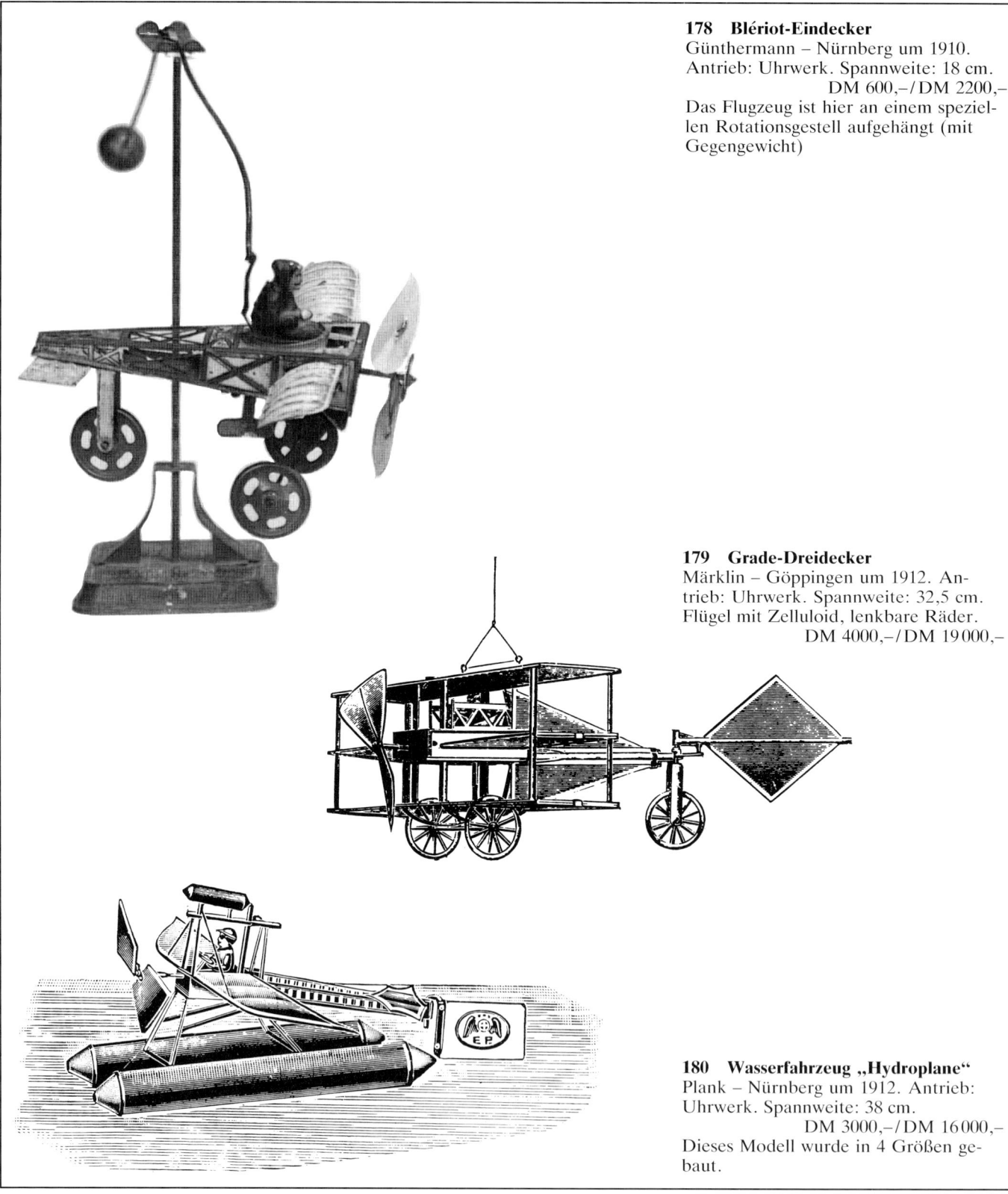

178   Blériot-Eindecker
Günthermann – Nürnberg um 1910.
Antrieb: Uhrwerk. Spannweite: 18 cm.
DM 600,– / DM 2200,–
Das Flugzeug ist hier an einem speziellen Rotationsgestell aufgehängt (mit Gegengewicht)

179   Grade-Dreidecker
Märklin – Göppingen um 1912. Antrieb: Uhrwerk. Spannweite: 32,5 cm.
Flügel mit Zelluloid, lenkbare Räder.
DM 4000,– / DM 19000,–

180   Wasserfahrzeug „Hydroplane"
Plank – Nürnberg um 1912. Antrieb: Uhrwerk. Spannweite: 38 cm.
DM 3000,– / DM 16000,–
Dieses Modell wurde in 4 Größen gebaut.

181   Farman-Doppeldecker
Märklin – Göppingen um 1912. Antrieb: Uhrwerk. Spannweite: 32,5 cm.
DM 3000,–/DM 15 000,–
Flügel mit Zelluloid-Füllung

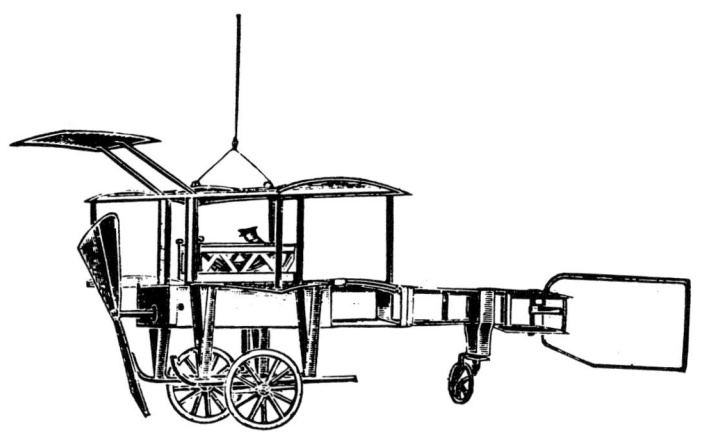

182   Farman-Doppeldecker
Märklin – Göppingen um 1912. Antrieb: Uhrwerk, ohne Fahrwerk. Spannweite: 26 cm.   DM 1500,–/DM 9500,–
Flügel mit Zelluloid-Füllung.
Von diesem Typ wurde auch ein kleineres Modell, Flügelspannweite 17 cm, mit Blechflügeln geliefert.

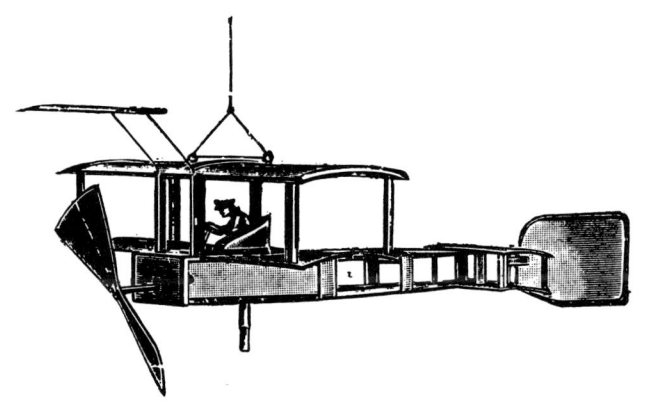

183   Latham-Eindecker
Märklin – Göppingen um 1912. Antrieb: Uhrwerk. Spannweite: 32,5 cm.
DM 2500,–/DM 12 500,–
Flügel mit Zelluloid-Füllung

184
185

184   Blériot-Eindecker
Märklin – Göppingen um 1912, viele
Jahre gebaut, ohne Antrieb, zerlegbar,
Ladegut für Eisenbahn Spur I. Spann-
weite: 24 cm.   DM 300,–/ DM 2000,–

185   Blériot-Eindecker
hier in Spur 0-Größe. Spannweite:
14 cm.   DM 400,–/ DM 2300,–
Preis ohne Eisenbahnwagen.
Pilot wurde separat angeboten.
Von beiden Modellen sind Nachbauten
im Handel.

186 Blériot-Eindecker
Märklin – Göppingen um 1912. Antrieb: Uhrwerk. Flügel mit Zelluloid-Füllung, ohne Fahrwerk.

Märklin-Nr. 5415/0, Spannweite: 23 cm.   DM   600,–/DM 3500,–
Märklin-Nr. 5415/3, Spannweite: 35 cm.   DM 1200,–/DM 6500,–
Rumpf und Aufbau ähnlich den Abb. 184 + 185

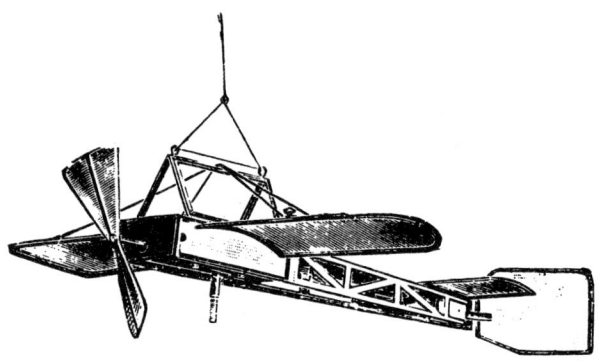

187 Eindecker
Märklin – Göppingen um 1914. Antrieb: Uhrwerk. Spannweite: 29 cm.
          DM 1800,–/DM 8000,–

188 Rotations-Gestell mit Flugapparat
          DM 1000,–/DM 6000,–

Rotations-Gestell für Flugapparat mit gesondertem Uhrwerk.

5460. Mk. 10.— p. St.

No. 5460 Aviatiker's Training-Apparat.
Gelungene Darstellung des wirklichen Drachenflugs.
Die Antriebvorrichtung besteht aus einem Uhrwerk mit Uebersetzung auf einen rotierenden Schaft, welcher den balanzierenden Träger für das Uhrwerk einerseits, und den Monoplan „Blériot" anderseits bildet. Die Rotation des Schafts setzt den Propeller, und dieser den Monoplan in Bewegung. Mit zunehmender Geschwindigkeit steigt dieser lediglich durch die Wirkung seiner Tragflächen allmählich in die Höhe; die lose Lagerung des Führungsschaftes gestattet die Steigerung des Flugs über Horizontalstellung.

Länge des Monoplans	32	cm
Durchmesser des Kreisflugs	38	„
Höhe der Säule	16	„

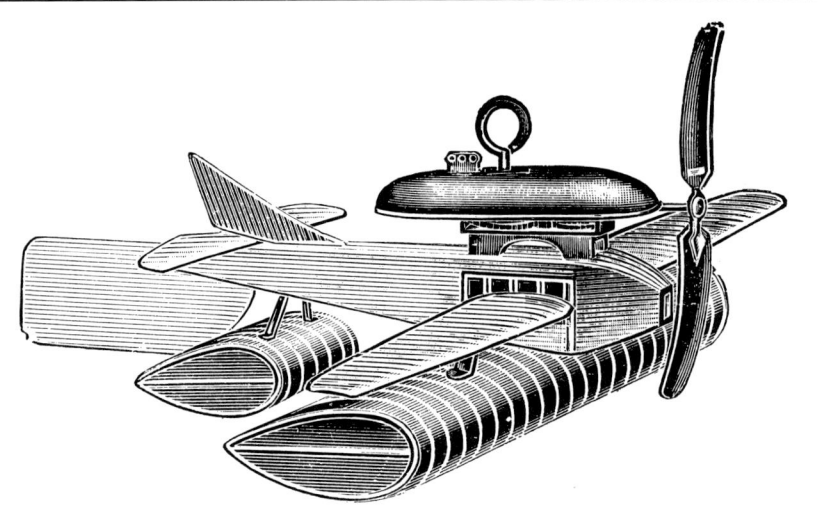

189   Wasserflugzeug
Staudt – Nürnberg um 1926. Antrieb:
Uhrwerk. Spannweite: 29 cm.
DM 600,–/DM 2500,–

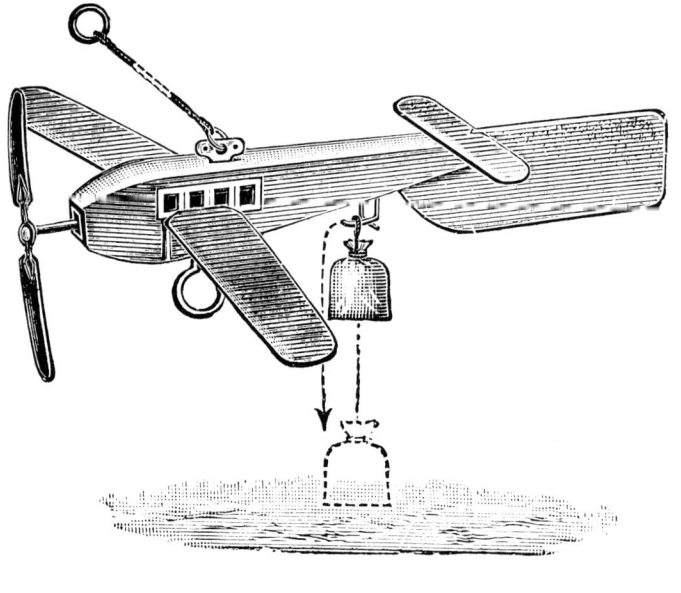

**190   Postflugzeug, Postbeutel
        abwerfend**
Staudt – Nürnberg um 1926. Antrieb:
Uhrwerk. Spannweite: 29 cm.
DM 500,–/DM 1800,–

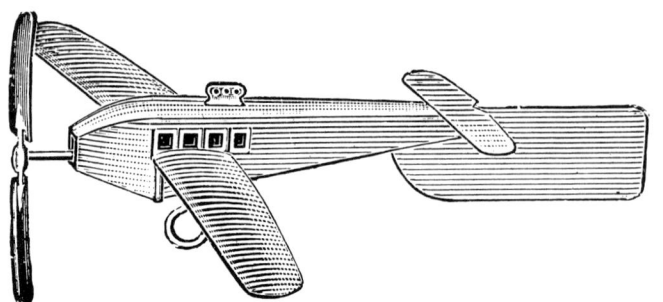

191   Eindecker
Staudt – Nürnberg um 1926. Antrieb:
Uhrwerk. Spannweite: 29 cm.
DM 300,–/DM 1500,–
Dieses Modell wurde in 3 Größen ge-
fertigt

**192 Tiefdecker
nach Junkers-Vorbild F13**
Einfalt – Nürnberg um 1928. Antrieb:
Uhrwerk (auch ohne Uhrwerk gelie-
fert). Spannweite: 16 cm.
DM 200,–/DM 850,–

193 Tiefdecker
Einfalt – Nürnberg um 1928. Ohne An-
trieb. Spannweite: 14 cm.
DM 50,–/DM 250,–

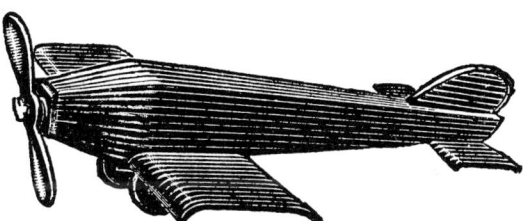

194 Hochdecker
Hess – Nürnberg um 1928. Antrieb:
Uhrwerk. Spannweite: 32 cm.
DM 400,–/DM 1800,–

195

195 + 196 Verkehrsflugzeug der Lufthansa, dreimotoriger Hochdecker.
        (nach Rohrbach-Vorbild)
Märklin – Göppingen ab 1929. Ohne Antrieb, Flügel abnehmbar.
Märklin-Nr. 7711/52 Spannweite: 52 cm.   DM 1800,–/DM 9000,–
Märklin-Nr 7711/78 Spannweite: 78 cm.   DM 4000,–/DM 15000,–
Vom optisch wenig gelungenen Vorbild sind fast alle Maschinen abgesturzt. Das

196

Märklin-Modell ist sehr selten.

197 Zeppelin LZ 129
Tipp & Co. – Nürnberg um 1932. Antrieb: Uhrwerk. Länge: 37 cm. Tippco-Nr. 47. DM 600,–/DM 2200,–

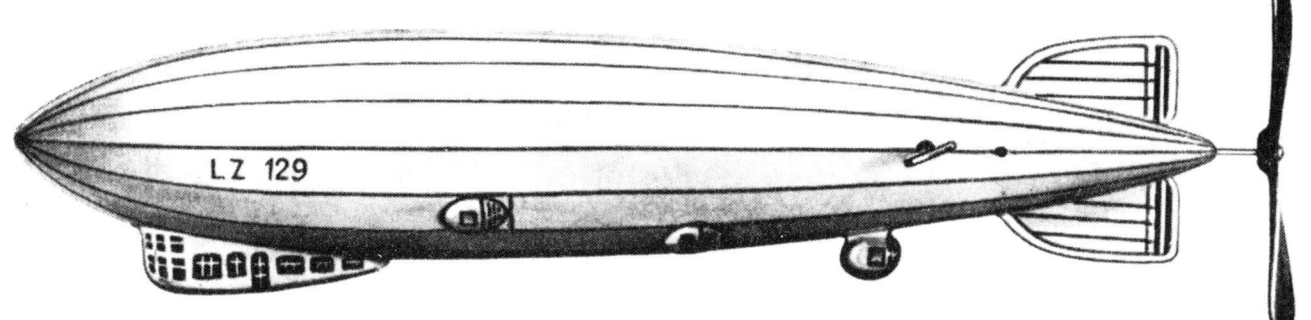

198 Zeppelin LZ 129
Gleiches Modell wie 197, jedoch mit Beleuchtung. Tippco.-Nr. 476.
DM 600,–/DM 2400,–

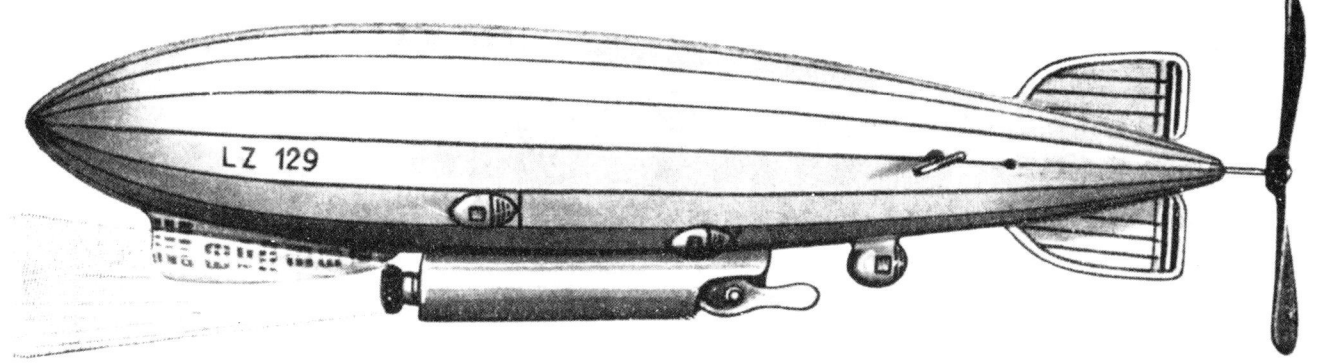

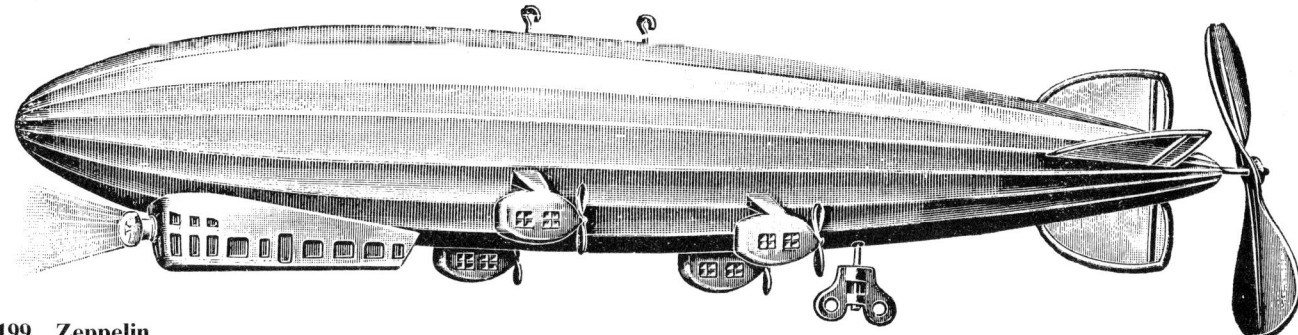

199 Zeppelin
(Moko) Moses Kohnstamm – Nürnberg um 1929. Antrieb: Uhrwerk. Länge: 43 cm. Elektr. Beleuchtung. DM 800,–/DM 3000,–
Dieses Modell wird Tipp & Co. zugeschrieben.

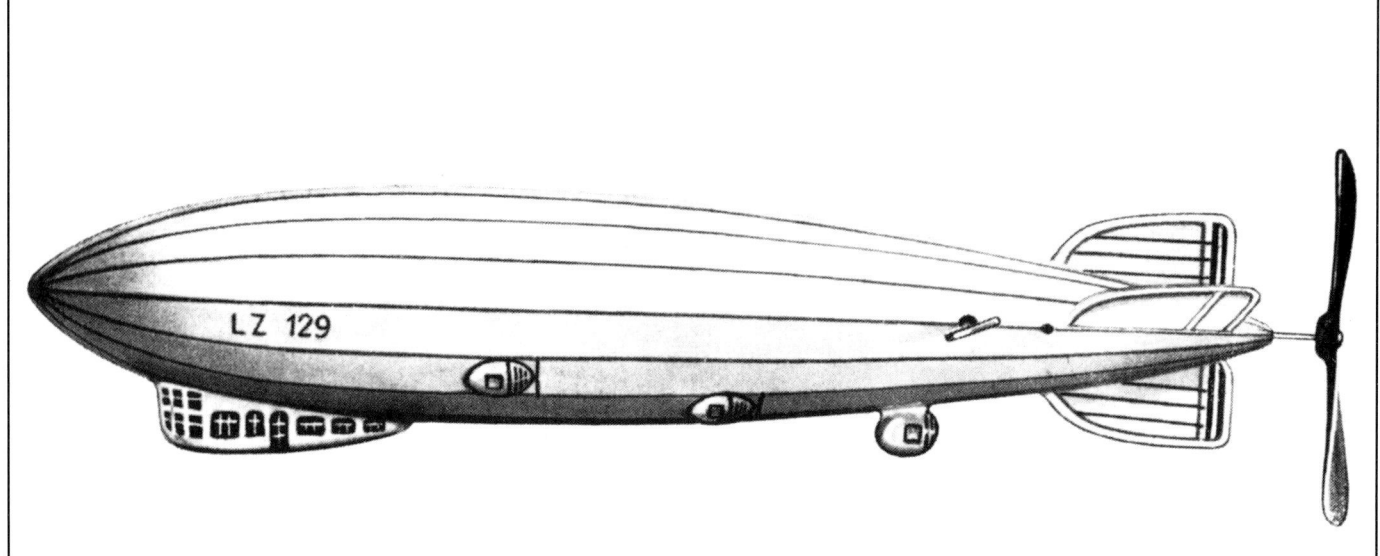

200   Zeppelin LZ 129
Tipp & Co. – Nürnberg um 1932. Antrieb: Uhrwerk. Länge: 43 cm.
Tippco-Nr. 48   DM 800,–/DM 2500,–
desgl. mit Beleuchtung   DM 900,–/DM 2800,–

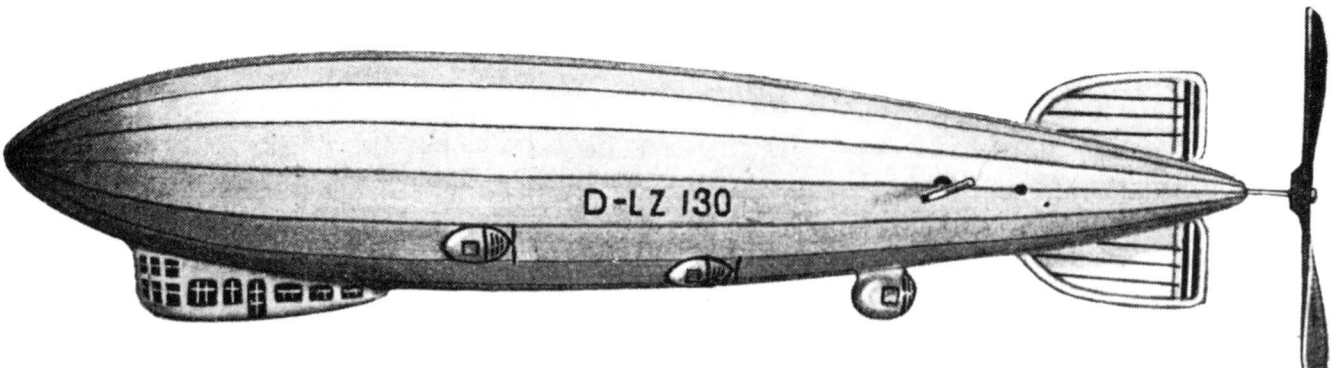

201   Zeppelin LZ 130
Tipp & Co. – Nürnberg um 1934. Antrieb: Uhrwerk. Länge: 35 cm. Tippco-
Nr. 46   DM 600,–/DM 2200,–
Dieses Modell wurde vorher als LZ 129 angeboten
Ein kleineres Modell mit 28 cm trug die Tippco-Nr. 45

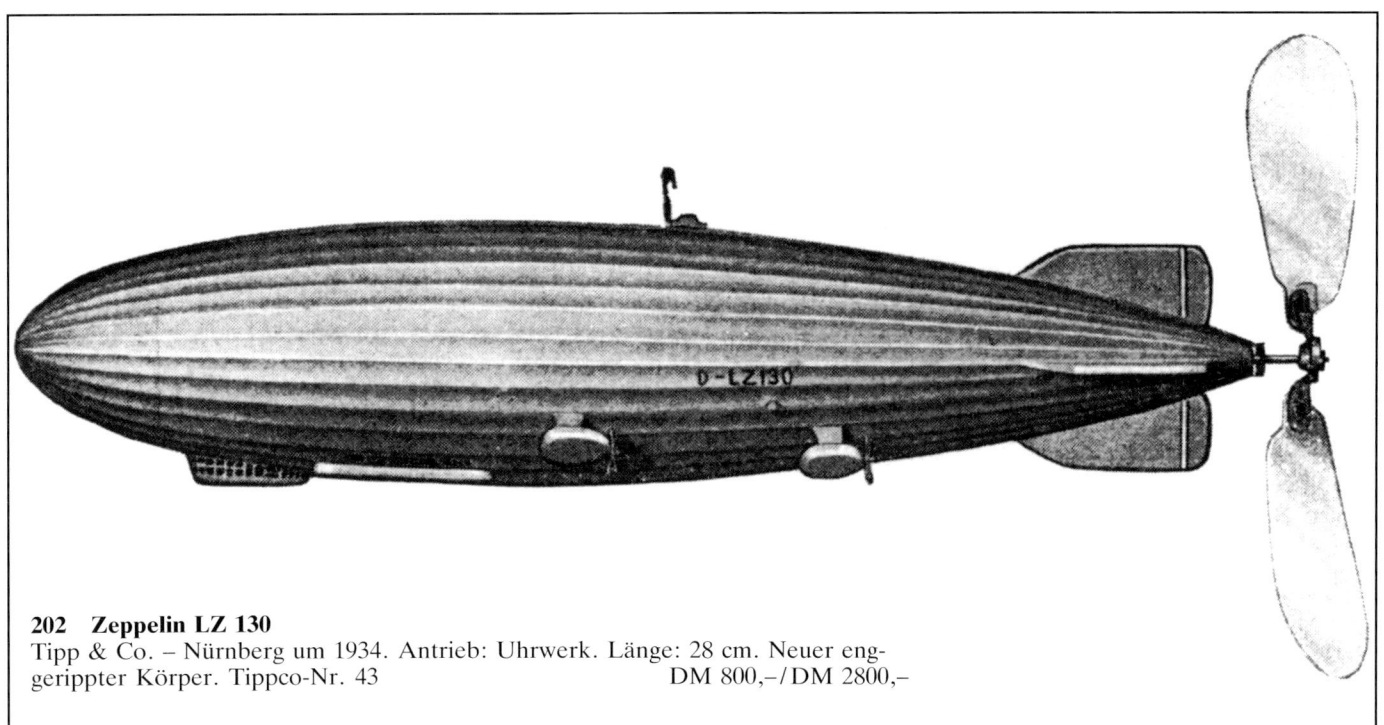

202   Zeppelin LZ 130
Tipp & Co. – Nürnberg um 1934. Antrieb: Uhrwerk. Länge: 28 cm. Neuer eng-
gerippter Körper. Tippco-Nr. 43   DM 800,–/DM 2800,–

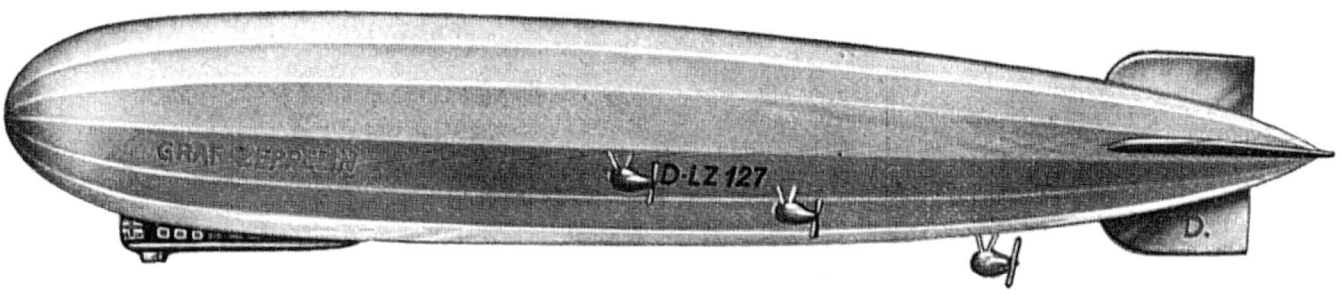

203   Zeppelin LZ 127
Märklin – Göppingen um 1932. Antrieb: Uhrwerk. Länge: 40 cm. Märklin-
Nr. 5406   DM 2000,–/DM 9000,–
Dieses Modell wurde auch mit elektr. Antrieb unter der Märklin-Nr. 13806 gelie-
fert.

204   Dornier-Wal
Günthermann – Nürnberg um 1930.
Antrieb: Uhrwerk. Spannweite: 36 cm.
DM 1200,–/DM 4500,–

205   Wasserflugzeug
Tiefdecker auf Schwimmer. Günther-
mann – Nürnberg um 1930. Antrieb:
Uhrwerk. Spannweite: 37 cm.
DM 900,–/DM 3800,–

206   Flugboot
Günthermann – Nürnberg um 1930.
Antrieb: Uhrwerk. Spannweite: 18 cm.
DM 450,–/DM 1800,–

207 Wasserflugzeug
Günthermann – Nürnberg.
Tiefdecker mit Schwimmer. Um 1930.
Antrieb: Uhrwerk. Spannweite: 30 cm.
DM 900,–/DM 3500,–

208 Renn-Tiefdecker auf Schwimmer
(Schneider-Trophy, 1930) Jep – Frank-
reich um 1935. Spannweite: 28 cm.
DM 600,–/DM 1700,–

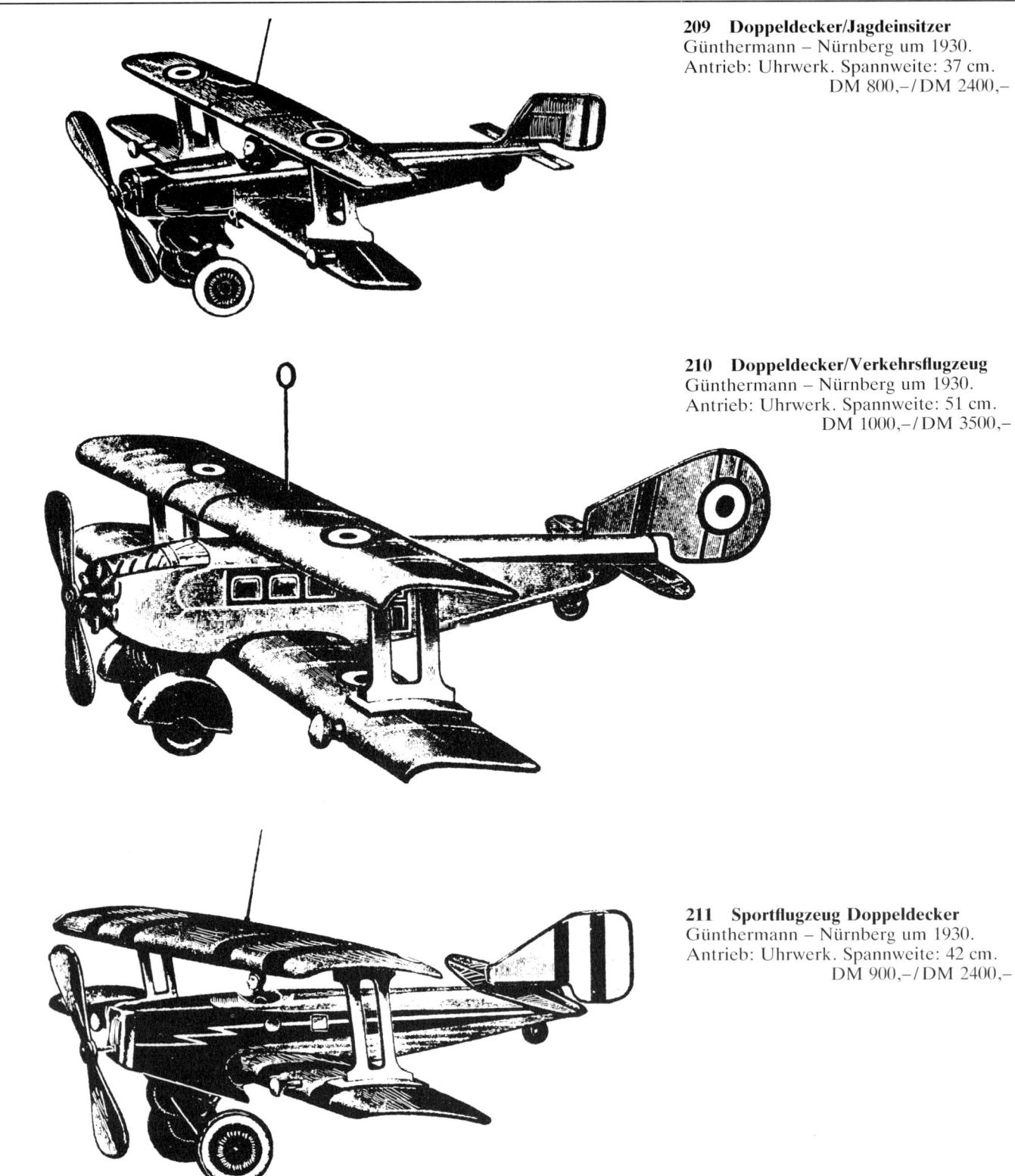

209   Doppeldecker/Jagdeinsitzer
Günthermann – Nürnberg um 1930.
Antrieb: Uhrwerk. Spannweite: 37 cm.
DM 800,–/DM 2400,–

210   Doppeldecker/Verkehrsflugzeug
Günthermann – Nürnberg um 1930.
Antrieb: Uhrwerk. Spannweite: 51 cm.
DM 1000,–/DM 3500,–

211   Sportflugzeug Doppeldecker
Günthermann – Nürnberg um 1930.
Antrieb: Uhrwerk. Spannweite: 42 cm.
DM 900,–/DM 2400,–

212 Sporteinsitzer
Günthermann – Nürnberg um 1930.
Antrieb: Uhrwerk. Spannweite: 30 cm.
DM 500,–/DM 1500,–

213 Verkehrsflugzeug
Nach Junkers-Vorbild
Günthermann – Nürnberg um 1930.
Antrieb: Uhrwerk. Spannweite: 52 cm.
DM 1200,–/DM 3800,–

214 Verkehrsflugzeug Doppeldecker
Günthermann – Nürnberg um 1930.
Antrieb: Uhrwerk. Spannweite: 74 cm.
DM 1500,–/DM 4800,–
Durch Demontage des oberen Flügels
mit 2 Motoren umbaubar zum einmoto-
rigen Tiefdecker.

215 Hochdecker, Jagdflugzeug (Reihenmotor) mit „funkendem MG"
Vorbild: Fieseler. Tipp & Co. – Nürnberg um 1932. Antrieb: Uhrwerk.
Spannweite: 29 cm.
                    DM 800,–/DM 2400,–

216   wie oben, jedoch Doppeldecker
                    DM 800,--/DM 2600,–

217   Hochdecker
wie Abb. 215 jedoch spätere Ausführung mit Sternmotor (Sport- und Verbindungsflugzeug) um 1934. Antrieb:
Uhrwerk. Spannweite: 40 cm.
                    DM 900,–/DM 2900,–

218

No. 30

No. 30

Sportflieger-Eindecker, mit abnehmbarer Tragfläche, einziehbarem Fahrgestell, Holzpropeller, selbstanfliegend durch eigene Kraft des Propellers, D. R. P., Ausl.-P. ang.

Aeroplane, sport model, with retractable under-carriage. The plane will commence a number of cercular flights through its own propeller power. Foreign pat. appl. for

Avion, Aéroplane, avec train d'alterrissage escamotable. Modèle deposé

Avion, modelo sport, con aparato de aterrizar automàtico. El aviòn ruela por la propia fuerza de la hèlice en ruelo circular

23^1/$_2$×26×9 cm
9^1/$_4$×10^1/$_4$×3^1/$_2$"
Gewicht 230 gr.
in ^{1}/$_{12}$ Dutzendpackung, per Dtzd. RM **30.—**

219

No. 31

No. 31

Sportflieger-Eindecker, Holzpropeller, selbstanfliegend durch eigene Kraft des Propellers; beim Anflug zieht sich das Fahrgestell automatisch ein, kurz vor Beendigung des Fluges löst sich dasselbe zur Landung automatisch wieder aus. D. R. P., Ausl.-P. ang.

Aeroplane, sport model. Racing low wing monoplane, carved wood propeller, the thrust of which starts machine on its flight, when the under-carriage is automatically retracted. Before the end ot the flight it is automatically released again for landing

Avion de sport monoplan, propulseur en bois, s'élevant dans les airs par la pópre force du propulseur; en départant le chariot de lancement se retire automatiquement, peu de temps avant la fin du vol il se déclenche de nouveau automatiquement pour l'attenissage

Avion, modelo sport, monoplano, hèlice de madera y el mismo vuela por la fuerza del hèlice. Al volar se cierra el soporte donde van coladas las ruedas automaticamente y poco antes de terminar el vuelo se abre el mismo automaticamente para aterrizar

23^1/$_2$×26×9 cm
9^1/$_4$×10^1/$_4$×3^1/$_2$"
Gewicht 220 gr.
in ^{1}/$_{12}$ Dutzendpackung, per Dtzd. RM **36.—**

vor dem Start
before taking off
avant de s'élevant dans les airs
al empezar el vuelo

während des Fluges
during the flight
pendant du vol
durante el vuelo

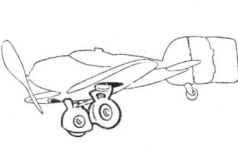

kurz vor Beendigung des Fluges
shortly before landing
après de la fin du vol
antes de terminar el vuelo

220

No. 32

No. 32

Eindecker, laufend und fliegend, mit abnehmbarer Tragfläche

Aeroplane, running and flying, with detachable wing

Monoplan, roulant et volant, avec aile détachable

Monoplano, corriente y volante, con plano desmontable

27×37×8^1/$_2$ cm
10^3/$_4$×14^3/$_4$×3^1/$_4$"
Gewicht 175 gr.
in ^{1}/$_{12}$ Dutzendpackung, per Dtzd. RM **13.60**

221 Flugzeug der Abb. 219
mit Originalkarton
Vorbild Heinkel Blitz
Mehrpreis für Originalkarton

DM 200,–

Zu den Abbildungen 218, 219, 220: Alle Modelle Tipp & Co. – Nürnberg um 1933. Alle Modelle mit Uhrwerkantrieb.

218 Sportflieger – Eindecker
mit Einziehfahrwerk   DM 500,–/DM 1400,–

219 Sportflieger – Eindecker
mit ein- *und* ausfahrbarem Fahrwerk, wohl das erste „betriebsfähige Fahrwerk"
                                                       DM 500,–/DM 1600,–

220 Verkehrsflugzeug   DM 800,–/DM 2400,–

222 Doppeldecker Verkehrsflugzeug
Günthermann – Nürnberg um 1931.
Antrieb: Uhrwerk. Spannweite: 42 cm.
DM 900,–/DM 2400,–

222

223

223 Verkehrsflugzeug AIR FRANCE
CROIX DU SUD (Kreuz des Südens).
Joustra – Frankreich ab 1935. Antrieb:
Schwungrad und Spiralfeder für Propel-
ler. Spannweite: 60 cm.
DM 500,–/DM 1600,–

224 Doppeldecker
nach Henschel-Vorbild
Kampfeinsitzer (Sturzbomber) mit Ma-
schinengewehr-Geräusch.
Tipp & Co. – Nürnberg ab 1933. Antrieb: Uhrwerk. Spannweite: 37 cm.
                    DM 800,–/DM 2600,–

225 „Bombenflieger"
nach Heinkel-Vorbild mit 4 „explodie-
renden Bomben".
Tipp & Co. – Nürnberg ab 1933 (bekannt als „O-LAF"). Antrieb: Uhrwerk. Spannweite: 37 cm.
                    DM 800,–/DM 2700,–

226 Verkehrsflugzeug
nach Junkers-Vorbild.
Habi – Nürnberg (Hans Biller) um
1934. Antrieb: Uhrwerk. Spannweite:
18 cm.   DM 80,–/DM 300,–

227   Doppel-Hochdecker
nach US-Vorbild Curtiss-Condor-Ver-
kehrsflugzeug.
Tipp & Co. – Nürnberg um 1932. Antrieb: Uhrwerk. Spannweite: 41 cm.
                    DM 900,–/DM 2200,–

228   Doppeldecker mit 2 Piloten
Distler – Nürnberg um 1932. Antrieb:
Uhrwerk. Spannweite: 43 cm.
                    DM 900,–/DM 2200,–

229   Nahverkehrsflugzeug
nach Heinkel-Vorbild.
Tipp & Co. – Nürnberg um 1934. Antrieb: Uhrwerk. Spannweite: 37 cm.
                    DM 800,–/DM 2600,–

230 Verkehrsflugzeug
nach Douglas-Vorbild.
Tipp & Co. – Nürnberg um 1934. Antrieb: Uhrwerk. Spannweite: 37 cm.
DM 800,–/DM 2000,–

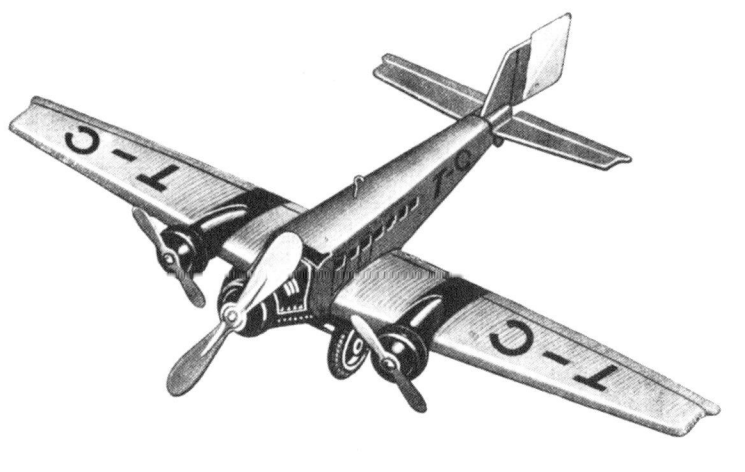

231 Verkehrsflugzeug
nach Junkers-Vorbild.
Tipp & Co. – Nürnberg um 1934. Antrieb: Uhrwerk. Spannweite: 37 cm.
DM 800,–/DM 2000,–

232 Rennflugzeug
nach DH-Comet-Vorbild (Australia-Trophy).
Tipp & Co. – Nürnberg um 1934. Antrieb: Uhrwerk. Spannweite: 37 cm.
DM 800,–/DM 2600,–

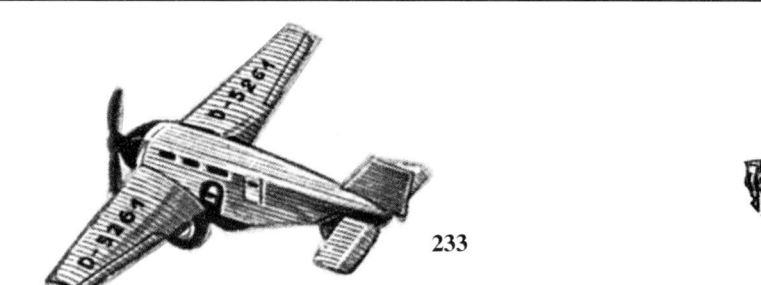

233

234

233 + 234 Verkehrsflugzeug
nach Junkers-Vorbild W34.
Märklin – Göppingen ab 1934. Antrieb: Uhrwerk. Spannweite: 17,5 cm. Märklin-
Nr. 5261   DM 500,–/DM 1700,–
Auch auf Eisenbahnwagen Spur 0 unter Märklin-Nr. 1708/0 geliefert.

235

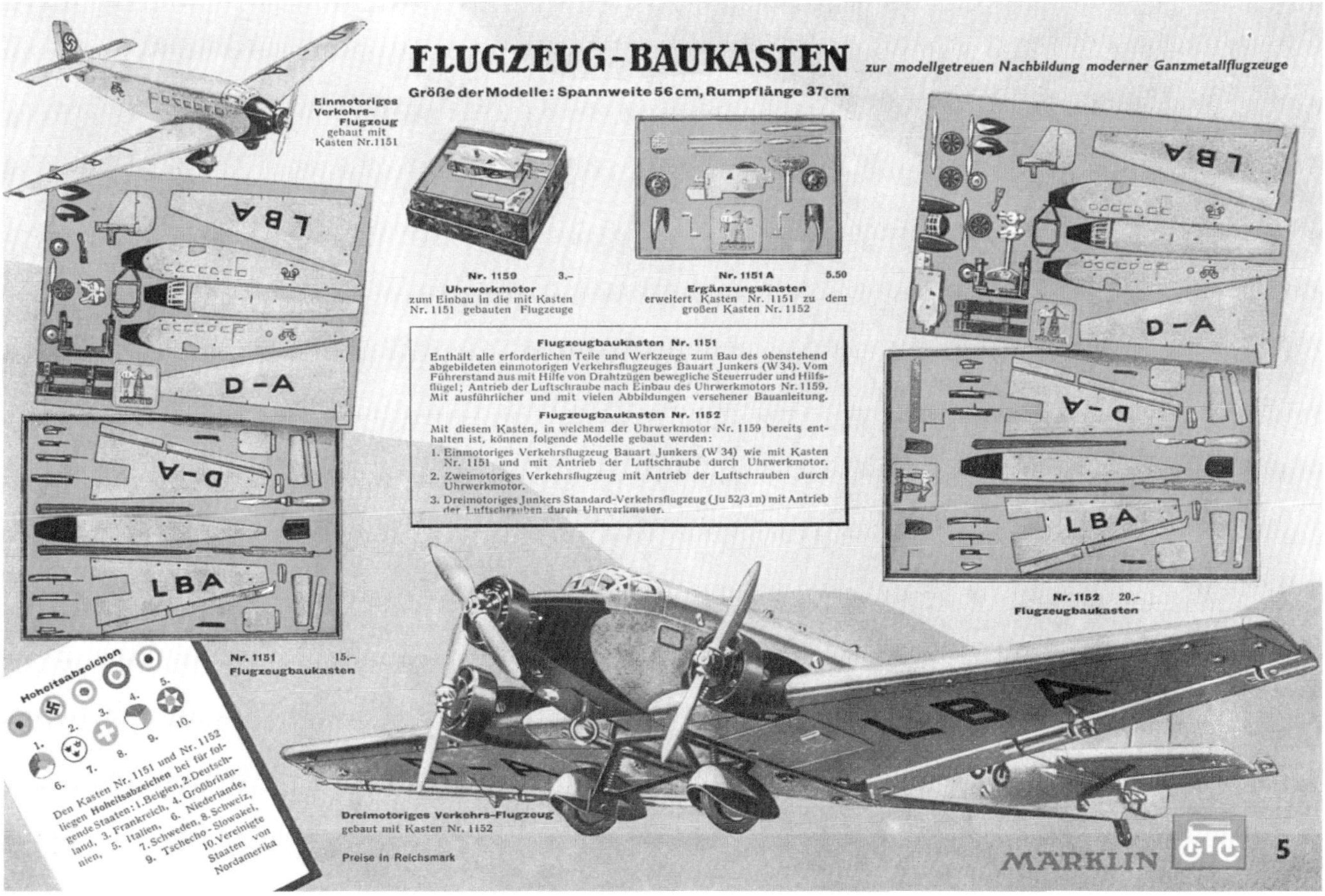

![Flugzeug-Baukasten Werbung Märklin]

236

235 + 236   Verkehrsflugzeuge
nach Junkers-Vorbild JU 52 und JU 52/3M.
Märklin – Göppingen ab 1935. Antrieb: Uhrwerk. Spannweite: 56 cm. Als Bau-
kasten geliefert.
Märklin-Nr. 1151, einmotorig   DM 1500,--/DM 5500,–
Märklin-Nr. 1152, dreimotorig   DM 1500,–/DM 8000,–

237 + 238   Verkehrsflugzeug
nach Junkers-Vorbild JU 90.
Märklin – Göppingen um 1936. Ohne Antrieb. Modell für Reisebüros, Lufthansa
und höhere Beamte des Reichs-Luftfahrt-Ministeriums. Spannweite: 90 cm.
                                    DM 6000,–/DM 18 000,–
Weitere Märklin-Modelle im gleichen Maßstab sind bekannt von: JU 86, HE 111
und FW 200-Condor.

237

238

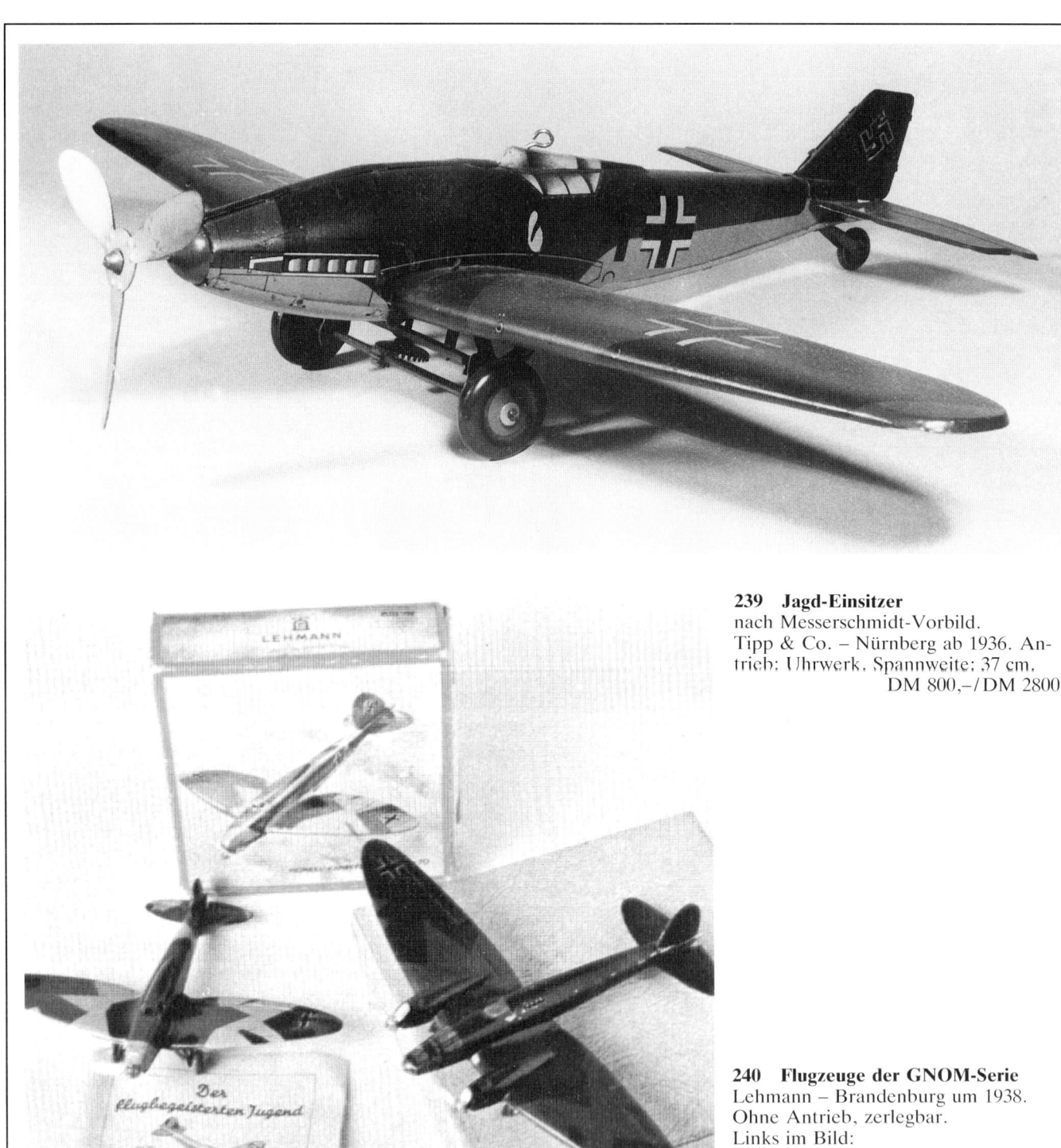

239 Jagd-Einsitzer
nach Messerschmidt-Vorbild.
Tipp & Co. – Nürnberg ab 1936. Antrieb: Uhrwerk, Spannweite: 37 cm.
DM 800,–/DM 2800,–

240 Flugzeuge der GNOM-Serie
Lehmann – Brandenburg um 1938.
Ohne Antrieb, zerlegbar.
Links im Bild:
Lehmann-Nr. 819
HE 70   DM 100,–/DM 250,–
(Schnell-Bomber) Spannweite: 14 cm.
Rechts im Bild:
HE 111   DM 150,–/DM 450,–
(Kampfflugzeug) Spannweite: 19 cm.

241

242

243

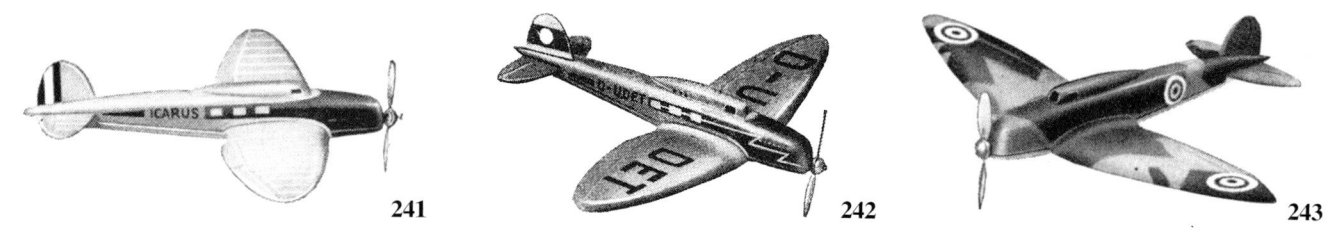

241–243 Verschiedene in- und ausländische Varianten
der Lehmann-Gnom Nr. 819 als Schnellverkehrsflugzeuge oder Jagd-Einsitzer Supermarine Spitfire.

244

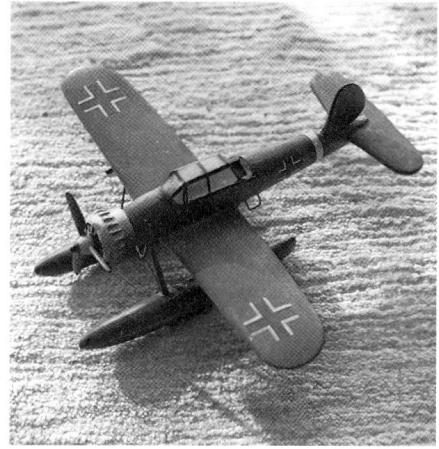

244 Wasserflugzeug, See-Aufklärer und Bordflugzeug
Gelungenes Modell der Arado 196.
Markes & Co. -- Lüdenscheid
Marke DUX um 1937. Ohne Antrieb, aus Holz gefertigt. Spannweite: 15 cm.
DM 100,–/DM 300,–

245

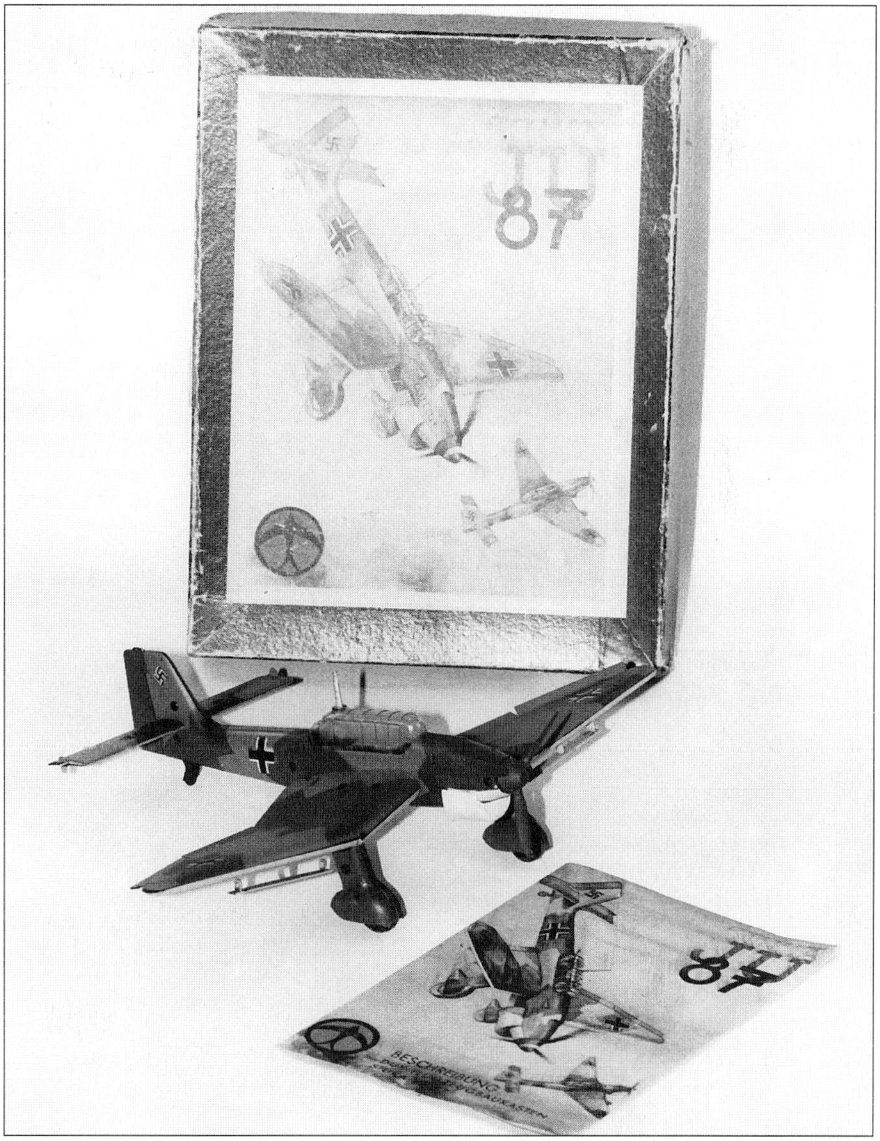

245 STUKA JU 87
Baukasten-Modell, Metall. DUX – Lüdenscheid um 1938.
DM 800,–/DM 2700,–

246 Dreidecker-Schwimmerflugzeug
mit 4 Motoren, Baukasten-Modell.
Meccano – England um 1935. Ohne
Antrieb. Spannweite: 52 cm.
DM 500,–/DM 1400,–

247 Doppeldecker-Sportflugzeug
mit einem Sternmotor, Baukasten-Mo-
dell.
Meccano – England um 1935. Ohne
Antrieb. Spannweite: 47 cm.
DM 400,–/DM 950,–

248 Doppeldecker
Auswechselbar: Schwimmer oder Fahr-
gestell. Baukasten-Modell.
Meccano – England um 1935. Ohne
Antrieb. Spannweite: 48 cm.
DM 500,–/DM 1300,–

249   Sport-Doppeldecker
Markes & Co. – Lüdenscheid Marke
DUX um 1935. Baukasten-Modell. An-
trieb: Uhrwerk. Spannweite: 31 cm.
DM 250,–/DM 450,–

250   Verkehrs-Amphibienflugzeug
Markes & Co. – Lüdenscheid Marke
DUX um 1935. Baukasten-Modell.
Ohne Antrieb. Spannweite: 42,5 cm.
DM 400,–/DM 800,–
Landeklappen über Steuerknüppel be-
weglich, mit Uhrwerkmotor ausrüstbar.

251   Schwimmerflugzeug, Hochdecker
Markes & Co. – Lüdenscheid Marke
DUX um 1935. Baukasten-Modell.
Ohne Antrieb. Spannweite: 45 cm.
DM 250,–/DM 450,–

252 Boeing 377 – Stratoclipper
GAMA/Mangold – Fürth um 1954. Antrieb: Friktion. Spannweite: 50 cm.
GAMA-Nr. 1000 DM 250,–/DM 500,–
Mit Gangway DM 200,– teurer.

253 Verkehrsflugzeug
Modell der MARTIN 404.
Tipp & Co. – Nürnberg um 1952. Antrieb: Uhrwerk. Spannweite: 37 cm.
DM 180,–/DM 400,–

254 Verkehrsflugzeug
Modell der Convair 240.
Tipp & Co. – Nürnberg um 1960. Antrieb: Friktion. Spannweite: 31 cm.
DM 150,–/DM 400,–

255 Lockheed Superconstellation
Tipp & Co. – Nürnberg um 1955. Antrieb: 2 Friktionswerke (auch mit Positionslampen geliefert). Spannweite:
50 cm. DM 250,–/DM 650,–
Fluggesellschaften: SAS, KLM, TWA, Swiss-Air, SABENA

256 Vickers Viscount
Schuco – Nürnberg 1957–1968. Elektroantrieb mit Programm-Steuerung. Spannweite: 48 cm.
DM 300,–/DM 850,–
Fluggesellschaften: Lufthansa, PAA, BOAC, KLM, SABENA, Swiss-Air

257 SE-Caravelle
Arnold – Nürnberg um 1960. Antrieb: Friktion. Spannweite: 37 cm.
DM 150,–/DM 400,–

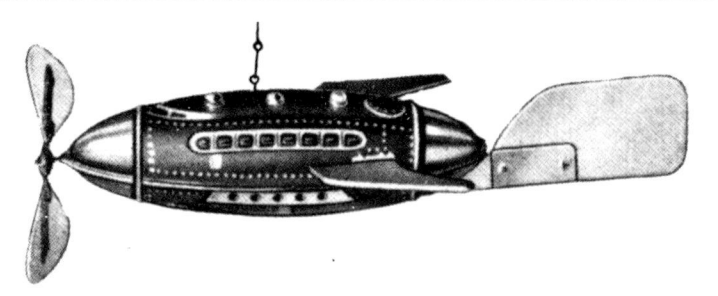

258   Rakete
Günthermann – Nürnberg um 1955.
Antrieb: Uhrwerk. Länge: 18 cm.
DM 50,–/DM 350,–

259   Phantasie-Modell
„Strato Liner"
HUKI-Kienberger – Nürnberg um
1960. Antrieb: Friktion. Spannweite: 14
cm.   DM 30,–/DM 150,–

260   Jagdeinsitzer-Deltaflügel
Tipp & Co. – Nürnberg um 1960. An-
trieb: Friktion. Spannweite: 22 cm.
DM 40,–/DM 200,–

261 Langstrecken-Bomber Convair B 36
Japan um 1950. Antrieb: Friktion.
Spannweite: 66 cm.
DM 800,–/DM 2200,–

262 Träger Jagdeinsitzer Vought F9F
Japan um 1960. Antrieb: Friktion.
Spannweite: 31 cm.
DM 200,–/DM 450,–

263 Verkehrs-Hubschrauber Vertol 107
Japan um 1965. Antrieb: elektrisch
(Batterie). Länge: 30 cm.
DM 120,–/DM 400,–

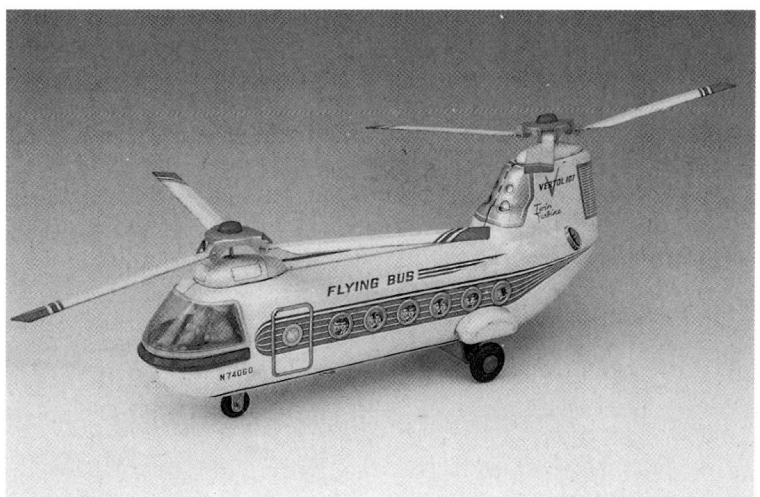

264   Verkehrsflugzeug Douglas DC6
Japan um 1965. Antrieb: Friktion.
Spannweite: 48 cm.

DM 250,–/DM 700,–

265   Verkehrsflugzeug Douglas DC6
Japan um 1965. Antrieb: elektrisch. Positionslampen und Programmsteuerung.
Spannweite: 50 cm.

DM 250,–/DM 650,–

266   Verkehrsflugzeug Douglas DC7
Japan um 1970. Antrieb: elektrisch
(Batterie). Programmsteuerung; Tür
öffnet sich und Stewardess erscheint.
Spannweite: 60 cm.

DM 250,–/DM 1000,–

267 Verkehrsflugzeug Boeing 707
China um 1970. Antrieb: elektrisch
(Batterie). Spannweite: 45 cm.
DM 120,–/DM 300,–

268 Verkehrsflugzeug Boeing 727
Japan um 1975. Antrieb: elektrisch.
(Batterie). Tür öffnet sich und Stewar-
dess erscheint. Spannweite: 54 cm.
DM 150,–/DM 800,–

269 Verkehrsflugzeug Boeing 727
Japan um 1975. Antrieb: elektrisch.
(Batterie), mit Positionslampen. Spann-
weite: 48 cm. DM 150,–/DM 800,–

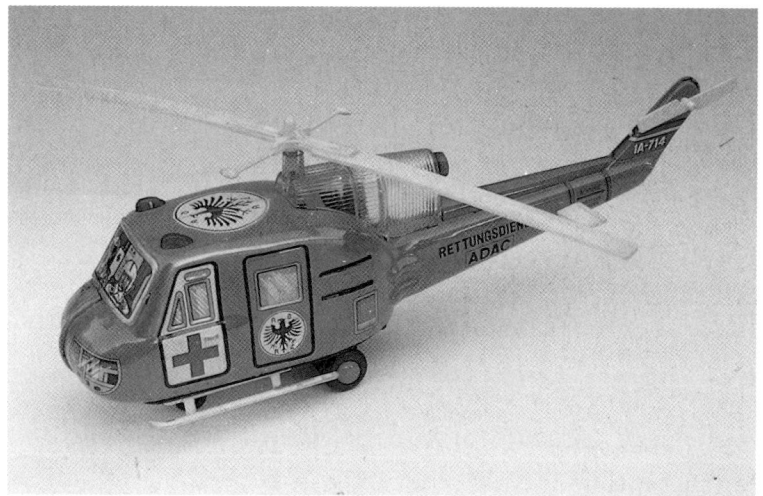

270 Rettungshubschrauber Bell
Japan um 1975. Antrieb: elektrisch.
(Batterie) Länge: 36 cm.
DM 150,–/DM 300,–

271 Hubschrauber Hughes
Japan um 1975. Antrieb: elektrisch.
(Batterie). Länge: 43 cm.
DM 100,–/DM 300,–

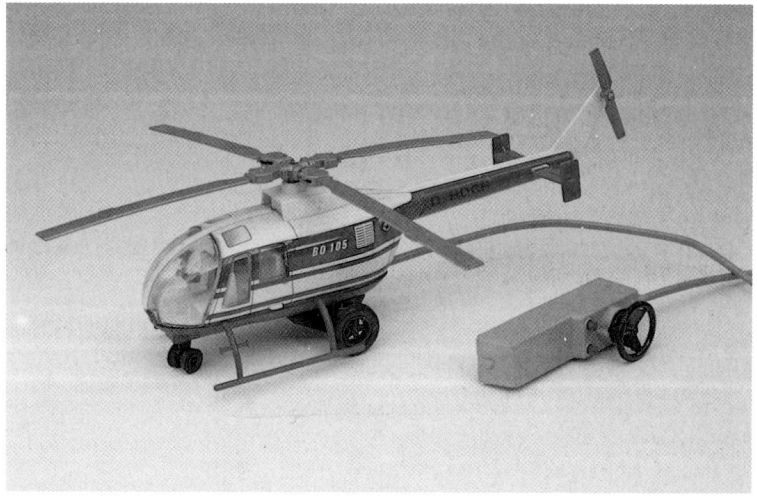

272 Verkehrshubschrauber Sikorsky
Joustra – Frankreich um 1970. Antrieb:
elektrisch (Batterie). Länge: 35 cm.
DM 120,–/DM 300,–

ALS ETABLIERTES HANDELS-
UNTERNEHMEN AUF DEM SEK-
TOR DER SPIELZEUG-RARITÄ-
TEN HABEN WIR UNS IN DEN
LETZTEN JAHREN EINEN
NAMEN GESCHAFFEN, DER UNS
KONTAKTE ZU SAMMLERN IN
ALLER WELT ERÖFFNET HAT.
DAS KONZEPT, HERVORRAGEN-
DE QUALITÄT IN ALLEN PREIS-
LAGEN IN DEN VERSCHIEDENEN
SAMMELGEBIETEN ANBIETEN
ZU KÖNNEN, HAT UNS ERMÖG-
LICHT, GROSSE SAMMLUNGEN
UND TEURE EINZELSTÜCKE ZU
HERVORRAGENDEN KONDITIO-
NEN ANZUKAUFEN.

BESONDERS INTERESSIERT SIND
WIR AN SPIELZEUGSAMMLUN-
GEN AUS DER ZEIT VON 1880 BIS
1950, DIE LANGJÄHRIG AUFGE-
BAUT UND STÄNDIG VERBES-
SERT WORDEN SIND, SOWIE AN
TEUREN MÄRKLIN URALT-OB-
JEKTEN. WIR SIND DER RICHTI-
GE ANSPRECHPARTNER, WENN

MÄRKLIN CENTRAL-BAHNHOF NO. 2142, SPUR 3, BAUJAHR 1895

DIE SAMMLUNG ALS GANZES
ODER NUR TEILE HIERAUS BEI-
SPIELSWEISE ZUR FINANZIE-
RUNG ANDERER VORHABEN ZUR
DISPOSITION STEHEN.

RUFEN SIE AN, WIR HABEN
STETS EIN OFFENES OHR FÜR
SIE!

HANS-WILLI WALTER
SPIELZEUG-RARITÄTEN

POSTFACH 1804 · D-7250 LEONBERG · TELEFON 07152 - 24800 · TELEFAX 07152 - 24698